Die Reform
und die Reformer
und andere Reformschriften

Kommentierte Ausgabe, neu übersetzt

Autor: Henry David Thoreau

Übersetzung / Fußnoten und weitere Texte:
Christina Schieferdecker.

Bibliografische Information der Deutschen Nationalbibliothek:
Die Deutsche Nationalbibliothek verzeichnet diese Publikation in der Deutschen
Nationalbibliografie; detaillierte bibliografische Daten sind im Internet über
www.dnb.de abrufbar.

Ausgabe Dezember 2021

Herstellung und Verlag:
BoD – Books on Demand, Norderstedt

ISBN: 9783755741800

Inhaltsverzeichnis

VORWORT

(Autor: Christina Schieferdecker)

Liebe Leserin, lieber Leser,

in diesem Büchlein versammeln sich einige Schriften, die alle mehr oder weniger miteinander verwandt sind.

"Reform and the Reformers" ist eine von Henry David Thoreau nicht veröffentlichte Schrift, doch verwendete er Teile daraus für andere Schriften, die ebenfalls hier enthalten sind. Gleichfalls sind dies die gesammelten Schriften von Henry David Thoreau, in denen er sich ausführlich über Reformer auslässt.

Die Reihenfolge der enthaltenen Schriften habe ich so festgelegt, dass man sie wie eine einzige Schrift lesen kann. Deshalb nannte ich die einzelnen Texte *Teil 1, Teil 2, Teil 3 und Teil 4.*

Dieses Büchlein ist die Fortsetzung der Reformschriften, nach *"Das (bald) zurückgewonnene Paradies"*[1], das sich mit sozialistischen Reformvorschlägen auseinandersetzt.

Es geht in den vorliegenden Texten nicht so sehr um den Staat und unsere Beziehung zu ihm, sondern fast ausschließlich um lästige Reformer, die anderen ihre Reformideen aufzwingen wollen, doch gar nicht an einer wirklichen Veränderung interessiert sind. Wenn du etwas verändern willst, dann ver-

---

[1] (Thoreau und Schieferdecker 2021a)

ändere erst einmal dich selbst, ist die Haltung von Henry David Thoreau. Unser Innerstes ist ein Reich, das wir noch nie wirklich durchschritten und erforscht haben.

"Geht nicht in irgendein fremdes Theater, um Schauspiele zu sehen, sondern bedenkt zuerst, dass es nichts gibt, was die Augen erfreuen oder in Erstaunen versetzen kann, was ihr nicht alles selbst in euch entdecken könnt." (Absatz 52, *Reform und die Reformer*)

Viele Menschen sind auf der Suche nach sich selbst und merken nicht, dass sie sich schon immer dabei hatten.

Christina Schieferdecker

ZU DEN ENTHALTENEN TEXTEN

(Autor: Christina Schieferdecker)

Die Reform und die Reformer (Teil 2)

"Reform and the Reformers" ist ein unvollendetes Essay von Henry David Thoreau. Es wurde zum ersten Mal von Wendell Glick im von ihm herausgegebenen Buch *"Reform Papers"*[2] 1973 veröffentlicht. In einer Rezension von 1976 zu diesem Buch[3] schreibt David M. Atkinson von der Pacific Lutheran University:

"In diesem Band sind elf von Thoreaus [...] Essays enthalten [...] und sein bisher unveröffentlichtes Essay 'Reform and the Reformers'. Obwohl der letztgenannte Essay nie Thoreaus letzten Schliff erhielt, war Glick der Meinung, dass er nahe genug an der Fertigstellung war, um in den Band aufgenommen zu werden. In "Reform and the Reformers", geschrieben vor 1845, konzentriert sich Thoreau nicht auf ein bestimmtes politisches Problem, sondern spricht die Frage der Reform im Allgemeinen an."

Henry David Thoreau hatte bereits mehrere Blätter durchnummeriert, auf welchen er Teile dieses Textes notiert hatte. Wendell Glick sortierte sie und veröffentlichte sie als ein Essay.

---

[2]   (Thoreau, Glick, und Thoreau 1973)

[3]   (Atkinson 1976)

Philanthropen und Reformer (Teil 1)

Diese Überschrift gab ich dem Text. Er ist ein Ausschnitt aus dem Kapitel "*Ökonomie*" ("*Economy*") in "*Walden*"[4].

Die Reformer (Teil 3)

Auch "*Die Reformer*" bekam seinen Titel von mir. Es ist ein Auszug aus dem Buch "*A Week On The Concord And Merrimack Rivers*", aus dem Kapitel "*Monday*"[5].

"*A Week On The Concord And Merrimack Rivers*" war kein sehr erfolgreiches Buch, was wahrscheinlich daran liegt, dass Henry David Thoreau darin, oft ohne erkennbaren Zusammenhang, ein Thema an das andere reiht und sie mit unendlich vielen Zitaten schmückt. Den größten Teil des Buches "*A Week On The Concord And Merrimack Rivers*" werde ich in einzelnen Kapiteln in zukünftigen Büchern veröffentlichen.

Schluss (Teil 4)

Viele Teile von "*Die Reform und die Reformer*" wurden vor allem für sein Buch "*Walden*" verwendet, doch wurden sie abgeändert und in einen neuen

---

[4]   (Thoreau und Alden 1910, 3–67)

[5]   (Thoreau 1867, 133–41)

Zusammenhang gebracht. Das Kapitel "*Teil 4: Schluss*" ist ein Ausschnitt aus dem Kapitel "*Zusammenfassung*" ("*Conclusion*") aus "*Walden*"[6].

---

6   (Thoreau und Alden 1910, 258–61)

Thoreaus Amerika:

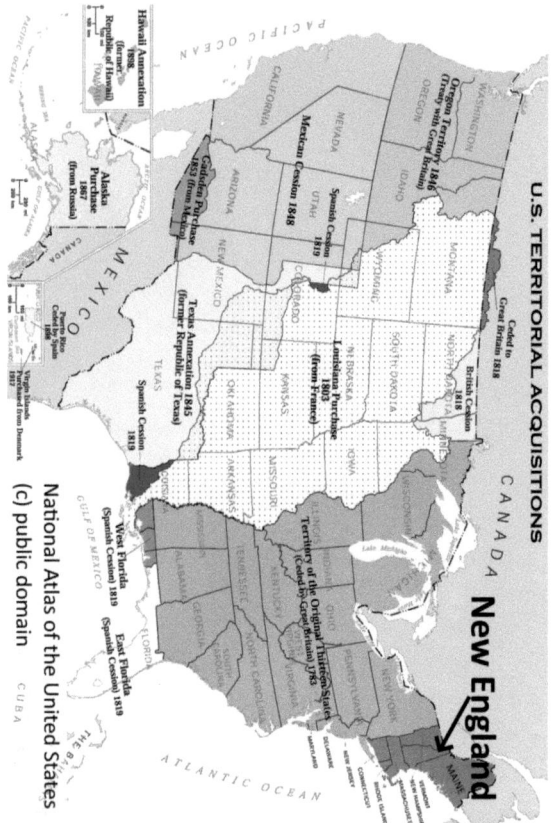

*Schaubild 1: National Atlas Of The Unitet States. (c) public domain.
Zu Neuengland gehörten zu Zeiten Thoreaus die Staaten Massachusetts, Connecticut,
Rhode Island, New Hampshire, Vermont, Maine.*

DIE REFORM UND DIE REFORMER

(Bei allen Texten:
Autor: Henry David Thoreau
Übersetzung und Fußnoten: Christina Schieferdecker)

Alle Hervorhebungen, meist kursiv, und alle Klammern wurden
von mir gesetzt und befinden sich nicht im Originaltext.

Schaubild 2: Nachgemachtes Originalcover der Veröffentlichung von Wendell Glick (leider vergriffen), der ersten Veröffentlichung von "Reform And The Reformers"

Teil 1: Philanthropen und Reformer

[Originaltitel: Walden: Economy (Auszug)]

[Gehe deinen eigenen Weg]

[1] Ein junger Mann aus meinem Bekanntenkreis, der einige Hektar geerbt hatte, erzählte mir, dass er dachte, dass er so ein Leben führen sollte wie ich, wenn er die Mittel dazu hätte. Ich möchte auf keinen Fall, dass irgendjemand meine Lebensweise übernimmt; nebenbei [bemerkt], [denn] bevor er sie richtig erlernt hat, habe ich vielleicht eine andere für mich gefunden, ich wünsche mir, dass es so viele verschiedene Menschen auf der Welt gibt wie möglich; aber ich möchte, dass jeder sehr darauf achtet, seinen eigenen Weg zu finden und zu gehen, und nicht den [Weg] seines Vaters oder seiner Mutter oder den seines Nachbarn. Der junge Mensch mag bauen oder pflanzen oder segeln, nur soll er nicht daran gehindert werden, das zu tun, was er mir sagt, dass er gerne tun würde. Nur im mathematischen Sinne sind wir klug, so wie der Seemann oder der flüchtige Sklave, der den Polarstern im Auge behält; aber das ist genug Führung für unser ganzes Leben. Wir würden unseren Hafen nicht innerhalb einer berechenbaren Zeitspanne erreichen, aber wir würden den richtigen Kurs einhalten.[7]

---

[7]   Der letzte Teil des Absatzes ist etwas unklar formuliert. Meiner Ansicht nach sind wir aus mathematischer Sicht klug, weil wir, wie der Seefahrer oder der Sklave, uns nach dem

[2] Zweifellos gilt in diesem Fall, was für den einen stimmt, stimmt noch mehr für tausend, so wie ein großes Haus nicht proportional teurer ist als ein kleines, denn ein Dach mag es bedecken, ein Keller hat es unter sich[8] und eine Wand trennt mehrere Wohnungen von einander. Ich für meinen Teil ziehe jedoch das Alleinwohnen vor. Außerdem ist es in der Regel billiger, das Ganze selbst zu bauen, als einen anderen von den Vorteilen einer gemeinsamen Wand zu überzeugen; und wenn man dies getan hat, muss die gemeinsame Trennwand, um viel billiger zu sein, eine dünne sein, und der andere kann sich zudem als schlechter Nachbar erweisen und seine

---

Nordstern richten und so ans Ziel finden können. Das "*mathematisch*" bezieht sich auf die Verwendung des Sextanten, dem Mathematik zu Grunde liegt. Es ist eine praktische Klugheit ("*wise*"), eine rationale Klugheit, aber keine geistige. Sie hat nichts mit höheren Werten zu tun, sondern basiert auf Berechnung. Dies ist eine Klugheit, die auf alle anwendbar ist (wie es im nächsten Absatz heißt), weil sie mathematisch ist. Wenn man es macht, wie alle, ist man auf der sicheren Seite. Doch muss man ihr nicht folgen, man kann die Richtung seines Lebens selbst bestimmen, so wie man sein Haus auch selbst bauen kann.

Diese Passage erinnert an seine Kritik der Regierung in "*Über die Pflicht zum Ungehorsam*", wo er der Regierung zugesteht, zweckdienliche Entscheidungen fällen zu dürfen, aber keine moralischen (Thoreau und Schieferdecker 2021c, Absatz 1, 4 und 11). Das Gewissen, die Moral, ist etwas, das bei jedem anders ist und deshalb gibt es keine allgemein Gültigkeit, keinen "*common sense*" in Gewissensfragen (Thoreau und Schieferdecker 2021a, Absatz 53). Die Mathematik ist allgemeingültig, sie dient allen, ist auch nützlich und zweckdienlich. Man kann mit ihr an ihr Ziel kommen - aber nicht zu sich selbst.

[8] Im Original: "*underlie*" = Ein Keller *liegt ihm zu Grunde.*

Seite nicht instand halten. Die einzige Zusammenarbeit, die gewöhnlich möglich ist, ist äußerst einseitig und oberflächlich; und das wenige, das es an echter Zusammenarbeit gibt, ist so, als ob sie nicht da wäre, da es eine für die Menschen unhörbare Harmonie ist. Wenn ein Mensch eine höhere Überzeugung hat, wird er überall mit [Menschen mit] der selben Überzeugung zusammenarbeiten; wenn er keine höheren Überzeugungen hat, wird er weiterhin wie der Rest der Welt [mit jedem zusammen] leben, egal in welcher Gesellschaft er sich [dadurch] befindet. Zusammenarbeit im höchsten wie im niedrigsten Sinn bedeutet, dass wir unseren Lebensunterhalt gemeinsam bestreiten. Kürzlich hörte ich den Vorschlag, dass zwei junge Männer gemeinsam die Welt bereisen sollten, der eine ohne Geld, der seinen Unterhalt mit Gelegenheitsjobs[9] verdiente, manchmal vor dem Mast [als Seemann] und manchmal hinter dem Pflug [als Landarbeiter], der andere mit einem Scheckheft[10] in der Tasche. Es war leicht zu erkennen, dass sie nicht lange Gefährten sein oder *zusammen*arbeiten würden, da der eine *überhaupt nicht arbeiten* würde. Sie würden sich bei der ersten interessanten Krise in ihren Abenteuern trennen. Zusammengefasst [bedeutet das], wie ich angedeutet habe, dass derjenige, der etwas

---

[9]   *"Gelegenheitsjob"* ist *"earning his means as he went"*: *"seinen Lebensunterhalt verdienend, wie es so geschieht"* (in etwa wörtlich).

[10] *"Scheckheft"* ist die modernisierte Form eines *"Bill of Exchange"* (einer Zahlungsanweisung oder eines Schecks), wie es im Original heißt.

15

alleine macht, noch heute [damit] anfangen kann; wer aber mit einem anderen reist, muss warten, bis dieser andere bereit ist, und es kann eine lange Zeit vergehen, bevor sie loskommen.

[3] Aber das ist alles sehr egoistisch, habe ich einige meiner Mitbürger sagen hören. Ich gestehe, dass ich mir bislang nur sehr wenige philanthropische[11] Unternehmungen geleistet habe. Ich habe dem Pflichtgefühl einige Opfer gebracht und [dabei] unter anderem auch dieses Vergnügen geopfert. Es gibt Leute, die mich mit allen Mitteln dazu überreden wollen, eine arme Familie in der Stadt zu unterstützen; und wenn ich nichts zu tun hätte - denn der Teufel findet Beschäftigung für für die Üntätigen -, könnte ich mich an einem solchen Zeitvertreib wie diesem versuchen. Jedoch, wenn ich daran dachte, mir in dieser Hinsicht etwas zu gönnen, und ihr Himmelreich in die Pflicht zu nehmen, indem ich bestimmte arme Personen in jeder Hinsicht so angenehm unterhalte[12], wie ich mich selbst unterhalte, und es sogar riskiert habe, [dies nicht nur zu denken sondern] ihnen [sogar] das Angebot zu unterbreiten, haben sie es [daraufhin] alle ohne zu zögern vorgezogen, arm zu bleiben.[13] Während

---

[11] *philanthropisch = menschenfreundliches Denken und Verhalten.* Das Wort setzt sich aus den griechischen Worten "*phil*" = "*Liebe zum*" und "*anthropos*" = "*Mensch*" zusammen.

[12] "*Unterhalten*" hier im Sinne von "*Unterhalt leisten*" oder "*unterstützen*".

[13] Henry David Thoreau lebte extrem bescheiden. Er ließ seine Schuhe flicken und nähte seine Kleidung selbst, wenn sie ein Loch hatte, statt sich neue zu kaufen. Wenn er Geld brauchte,

meine Mitbürgerinnen und Mitbürger sich auf so viele Arten dem Wohl ihrer Mitmenschen widmen, vertraue ich darauf, dass wenigstens einer von ihnen für andere, weniger humane Tätigkeiten, übrig bleibt. Man muss eine Begabung für Wohltätigkeit haben, genauso wie für alles andere. Was das Gutes-Tun angeht, so ist das einer der Berufe, die voll sind [und keine freien Stellen aufweisen]. Außerdem habe ich ihn ausprobiert und bin, so seltsam es klingen mag, [und bin] zu der Überzeugung gelangt, dass er sich nicht mit meiner Konstitution verträgt. Wahrscheinlich sollte ich meine besondere Berufung nicht bewusst und absichtlich aufgeben, um das Gute zu tun, das die Gesellschaft von mir verlangt, um das Universum vor der Vernichtung zu bewahren; und ich glaube, dass eine ähnliche, aber unendlich größere Standhaftigkeit [als die meinige] anderswo alles ist, was es momentan bewahrt. Aber ich möchte mich nicht zwischen einen Menschen und seine Begabung stellen; und demjenigen, der diese Arbeit, die ich ablehne, mit seinem ganzem Herzen, seiner ganzen Seele und seinem ganzen Leben tut, möchte ich sagen: Halte durch, auch wenn die Welt es Böses-tun nennt, was sie höchstwahrscheinlich tun wird.

---

so war er sich nicht zu schade, einen Stall auszumisten. Damit er nicht so viel arbeiten musste, lebte er sehr bescheiden und "arm", jedoch ohne sich arm zu fühlen. Wahrscheinlich war er, objektiv betrachtet, ärmer als die Leute, die er unterstützen wollte, weshalb sie ablehnten.

[Philanthropie als verdorbene Güte]

[4] Ich bin weit davon entfernt anzunehmen, dass mein Fall eine Besonderheit ist; zweifellos würden viele meiner Leser eine ähnliche Verteidigung vorbringen. Wenn ich etwas tue - ich werde mich nicht dafür einsetzen, dass meine Nachbarn es gut heißen - zögere ich nicht zu sagen, dass ich ein großartiger Kamerad wäre, den man einstellen könnte; aber was das ist, muss mein Arbeitgeber herausfinden. Was ich Gutes tue, im allgemeinen Sinne des Wortes, muss abseits meines Hauptweges liegen und ist zum größten Teil völlig unbeabsichtigt. Die Menschen sagen, praktischerweise, beginne *wo* du bist und *so wie* du bist, ohne das Ziel zu verfolgen, mehr wert zu werden, und gehe es mit bedachter Freundlichkeit an, Gutes zu tun. Wenn ich irgendwie in diese Richtung predigen würde, würde ich eher sagen: Fangt an, gut zu sein. Als ob die Sonne aufhören sollte, wenn sie ihr Feuer bis zur Pracht eines Mondes oder eines Sterns der sechsten Größenordnung geworfen hat, (und [statt dessen] wie ein Robin Goodfellow[14] umhergehen sollte, der in jedes Hüttenfenster späht, [dabei] Geisteskranke inspiriert und Fleisch verdirbt und Dunkelheit sichtbar

---

[14] Ein *Robin Goodfellow* ist ein Puk oder Puck (ein Kobold), eine zwergenähnliche Figur, die umherstreift und sich bei den Menschen aufhält. Er kann einem Gutes tun, oder Schlechtes, je nach Laune und ob er sich gut behandelt fühlt, oder auch nicht. Der berühmteste Puck ist ein Charakter in "*Ein Sommernachtstraum*" von William Shakespeare, der sich selbst als "*der lustige Wanderer der Nacht*" ("*merry wanderer of the night*") bezeichnet. (Shakespeare o. J.). Auch der *Pumuckel* ist ein Puck.

macht,)[15] anstatt ihre geniale Wärme und Freigiebigkeit ständig zu steigern, bis sie so hell ist, dass kein Sterblicher ihr ins Gesicht sehen kann, um sich dann, und auch schon in der Zwischenzeit, auf ihrer eigenen Bahn um die Welt zu bewegen, [um] ihr Gutes [zu] tun, oder vielmehr, wie eine wahrere Philosophie entdeckt hat, damit die Welt, die sich um sie bewegt, gut wird.[16] Als Phaeton[17], in dem Wunsch seine himmlische Geburt durch sein wohltätiges Wirken zu beweisen, den Sonnenwagen[18] nur einen Tag lang hatte und von der üblichen Bahn abkam, verbrannte er mehrere Häuserblocks in den

---

[15] Klammern von mir zur besseren Lesbarkeit gesetzt.

[16] Die Sonne dreht sich ja nicht um die Erde, sondern die Erde dreht sich um die Sonne.
Im Original steht "*the world going about him getting good*" ("*him*" bezieht sich auf die Sonne. Für Thoreau ist sie wohl männlich). Dies könnte auch bedeuten: "*Der Welt, die sich ihm zuwendet, geht es gut*", was eine Anspielung auf Johannes 12:19 sein könnte. Dort heißt es in der King James Bibel über Jesus:
"*The Pharisees therefore said among themselves, Perceive ye how ye prevail nothing? behold, the world is gone after him.*" In der deutschen Version heißt es:
"*Die Pharisäer aber sprachen untereinander: Ihr sehet, dass ihr nichts ausrichtet; siehe, alle Welt läuft ihm nach!*" (bibeltext.com 2020). Wer sich nach Jesus richtet, sich ihm zuwendet, dem wird es gut gehen.

[17] *Phaeton* ist, in der griechischen Mythologie, der Sohn der Göttin Eos, der Schwester des Gottes Helios (Helios = Sonne), oder der Sohn von Helios, je nach Erzählung.

[18] Der Sonnenwagen ist quasi die Sonne. Um sich zu erklären, warum die Sonne von Osten nach Westen wanderte, stellte man sie sich als eine Art Streitwagen vor, der vom Gott *Helios* gelenkt wurde.

unteren Straßen des Himmels und versengte die Oberfläche der Erde, trocknete jeden Frühling aus und machte die große Wüste Sahara, bis Jupiter[19] ihn schließlich mit einem Donnerschlag kopfüber auf die Erde schleuderte und die Sonne aus Kummer über seinen Tod ein Jahr lang nicht mehr schien.[20]

[5] Es gibt keinen so schlimmen Geruch als den, der durch verdorbene Güte entsteht. Er ist menschlich, er ist göttlich, [er ist] Aas. Wenn ich mit Sicherheit wüsste, dass ein Mann in mein Haus käme, mit der bewussten Planung mir Gutes zu tun, sollte ich um mein Leben rennen, wie vor jenem trockenen und

---

[19] Thoreau wechselt nun die Religion, von der griechischen zur römischen. *Jupiter* ist der oberste römische Gott (Zeus bei den Griechen). Er ist auch der Gott des Donners und der Blitze.

[20] In der Erzählung von Ovid, leiht sich Phaeton den Sonnenwagen seines Vaters Helios um damit ein wenig über den Himmel zu heizen. Doch er hat wohl noch keinen Führerschein und der Wagen kommt außer Kontrolle. Eine Katastrophe geschieht, weil die Sonne nun nicht mehr da ist, wo sie sein sollte:
"*Überall dort, wo die Erde am höchsten ist, wird sie vom Feuer ergriffen, bekommt Spalten und Risse und dörrt aus, weil ihr die Säfte entzogen sind. Das Gras wird grau, samt seinen Blättern brennt der Baum, und das trockene Saatfeld liefert seinem eigenen Untergang. Nahrung [...] [und] große Städte gehen mit ihren Mauern unter, und der Brand legt ganze Länder mit ihren Völkern in Asche.*" (Ovid, nach Wikipedia)
"*Die Inschrift auf dem Grabstein lautet nach Ovid:*
'Hier ruht Phaethon, der Lenker des väterlichen Wagens; zwar konnte er ihn nicht meistern, starb aber, nachdem er Großes gewagt hatte.'" (Wikipedia 2021h).

brennenden Wind in den afrikanischen Wüsten, der Samum[21] genannt wird, der Mund, Nase, Ohren und Augen mit Staub füllt, bis man erstickt, aus Angst, dass ich etwas von seinem Gutes-Tun abbekomme - dass etwas von seinem Virus sich mit meinem Blut vermischt. Nein - in diesem Fall würde ich das Böse lieber auf natürliche Weise erleiden. Ein Mann ist für mich nicht ein guter Mann, weil er mich füttert, wenn ich hungere, oder mich wärmt, wenn ich friere, oder mich aus einem Graben zieht, sollte ich jemals in einen solchen fallen. Ich kann Ihnen einen Neufundländer[22] finden, der das Gleiche tut. Philanthropie ist nicht Liebe zu den Mitmenschen[23] im weitesten Sinne. Howard[24] war auf seine Art zwei-

---

[21] Der *Samun* ist ein Sandsturm im arabischen Raum. Die Übersetzung seines Namens bedeutet etwa "Giftwind".

[22] Der *Neufundländer* ist eine kanadische Hunderasse. Er wurde als Rettungshund eingesetzt, da er sehr kräftig gebaut ist. Er gilt als ein freundlicher und ausgeglichener Hund.
Ellery Channing, eine Freundin von Henry David Thoreau, besaß einen Neufundländer, so dass Henry David Thoreau diese Rasse nicht nur aus der Theorie kannte.

[23] Das Wort *Philanthropie* bedeutet *Menschenliebe* oder *Liebe zu den Menschen* (siehe Fußnote 11 auf Seite 16)

[24] *John Howard* (1726-1790) war ein Engländer (geboren in London) und galt als die Ausgeburt des Guten.
Nachdem er er krank war, heiratete er seine gut situierte ältere Krankenschwester. Als diese starb, behielt er ihr Geld nicht, sondern verteilte es an deren Familie und an arme Leute.
Howard verbrachte eine gewisse Zeit im Gefängnis im Ausland, kehrte dann nach England zurück und trat ein größeres Erbe an. Dies nutzte er um die Wohnungssituation seiner Mitmenschen zu verbessern und sorgte dafür, dass viele Kinder kostenlosen Unterricht bekamen.

fellos ein überaus gütiger und würdiger Mann, und er hat seinen Lohn; aber, um einen Vergleich zu nennen, was bedeuten uns hundert Howards, wenn ihre Philanthropie uns nicht in unseren besten Jahren[25] hilft, wenn wir es am meisten verdienen[26], dass man uns hilft? Ich habe noch nie von einer philanthropischen Versammlung gehört, in der aufrichtig vorgeschlagen wurde, mir, oder denen, die wie ich sind, etwas Gutes zu tun.

[6] Die Jesuiten wurden von den Indianern, während sie [, die Jesuiten,] am Marterpfahl verbrannt wurden und ihren Peinigern neue Foltermethoden vorschlugen, ziemlich ausgebremst.[27] Da sie [, die

---

Berühmt wurde er jedoch für seine Gefängnisreform. Nachdem er zum Sheriff ernannt worden war, veröffentlichte er ein Buch über die Zustände in den Gefängnissen und weitere in den Folgejahren. Er begründete damit einen humaneren Strafvollzug. Für seinen Einsatz für humanere Gefängnisse erhielt er mehrere Würdigungen und Ehrentitel.

[25] Thoreau benutzt hier "*best estate*", "*estate*" in der Bedeutung *"ein bestimmter Zustand, Zeitraum oder Zustand im Leben."*

[26] Im Original eigentlich "*worthy*" = "wenn wir es am meisten *würdig* sind".

[27] Dieser Satz ist im Original seltsam: "*The Jesuits were quite balked by those Indians who, being burned at the stake, suggested new modes of torture to their tormentors.*" Das "*die*" ("*who*") nach "*Indianern*" ("*Indians*") müsste sich auf die Jesuiten beziehen, doch bezieht es sich hier grammatikalisch auf die Indianer. Weiter hinten findet sich ein ähnlicher grammatikalischer Fehler (siehe Fußnote 36).
Die Jesuiten wurden von den Irokesen zwischen 1642 und 1649 am Marterpfahl verbrannt, nicht anders herum. Die Jesuiten sahen sich als Märtyrer, die den Tod auf sich nehmen mussten, um die Indianer zum Christentum zu bekehren. Die Jesuiten selbst versuchten zwar auch teilweise durch

Indianer,] dem körperlichen Leiden überlegen waren, kam es manchmal vor, dass sie jedem Trost, den die Missionare anbieten konnten, überlegen waren[28]; und das Gesetz, zu tun, was man dir antun soll[29], erreichte mit weniger Überzeugungskraft die Ohren derer, die auf ihrer Seite [wiederum], sich nicht darum kümmerten, wie man mit ihnen

---

Schrecken und Angst die Indianer zu überzeugen, aber sie folterten nicht oder verbrannten Menschen am Marterpfahl. Interessant ist vielleicht noch, dass die Jesuiten tatsächlich auch "Peiniger" waren, da sie viele Krankheiten zu den Indianern brachten und dadurch ein Massensterben auslösten. Die Irokesen erkannten dies und waren ihnen dann nicht mehr ganz so freundlich gesinnt. Um die *Huron* (Indianer) zum Christentum zu bekehren, lehrten sie sie die Angst vor dem Tod. Mit Angst kann man Menschen von fast allem überzeugen. (siehe auch Fußnote 32 auf Seite 24).
Der Satzteil *"suggested new modes of torture to their tormentors"* (*"ihren Peinigern neue Foltermethoden vorschlugen"*) könnte sich darauf beziehen, ansonsten ist mir seine Bedeutung unklar.

[28] Henry David Thoreau benutzt für "*überlegen*" das Wort "*superior*", was auch "*oberhalb*" sein kann. Vielleicht war das körperliche Leiden für sie nichts Besonderes, sie nahmen es nicht so wichtig, wie die Missionare, weshalb sie quasi darüber standen. Sie hatten keine Angst vor körperlichem Leiden und benötigten den Trost der Missionare, dass ihr Leiden durch Jesus beendet wäre, nicht.

[29] Dies ist ein Hinweis auf das Gebot der Nächstenliebe in Matthäus 22:37-39:
"Jesus aber sprach zu ihm: 'Du sollst lieben Gott, deinen HERRN, von ganzem Herzen, von ganzer Seele und von ganzem Gemüte.' Dies ist das vornehmste und größte Gebot. Das andere aber ist ihm gleich; Du sollst deinen Nächsten lieben wie dich selbst." (bibeltext.com 2020).

umging, die ihre Feinde auf eine neue Weise liebten[30] und nahe an das Ideal herankamen[31], freiwillig alles zu verzeihen, was man ihnen angetan hatte.[32]

[Die Selbstgerechtigkeit]

[7] Achte darauf, dass du den Armen die Hilfe gibst, die sie am meisten brauchen, wenngleich dein Beispiel es ist, was sie weit zurück liegen lässt. Wenn du Geld gibst, gib es für dich selbst aus und überlasse es nicht einfach den Armen. Wir machen

---

[30] Dies ist ein Hinweis auf Matthäus 5:43-44:
"Ihr habt gehört, dass gesagt ist: 'Du sollst deinen Nächsten lieben und deinen Feind hassen.' Ich aber sage euch: Liebet eure Feinde; segnet, die euch fluchen; tut wohl denen, die euch hassen; bittet für die, so euch beleidigen und verfolgen." (bibeltext.com 2020).

[31] *"Ideal"* steht nicht im Originalsatz, doch so ist die Bedeutung klarer. Im Original lesen wir: *"came very near".*

[32] Dies könnte eine Anspielung auf 1.Thessalonicher 5:14-15 sein:
"Wir ermahnen aber euch [...] tröstet die Kleinmütigen, traget die Schwachen, seid geduldig gegen jedermann. Sehet zu, dass keiner Böses mit Bösem jemand vergelte; sondern allezeit jaget dem Guten nach, untereinander und gegen jedermann." (bibeltext.com 2020).
Anmerkung zum Absatz:
Die Jesuiten christianisierten die Huron, bis sie dann, zusammen mit den Huron, von den Irokesen umgebracht wurden. Die Huron waren ein Stamm aus friedliebigen Bauern mit einer eher positiven Lebenseinstellung. Sie akzeptierten die Jesuiten und bekannten sich, aus Freundschaft zu ihnen, teilweise zum Katholizismus. Sie verziehen ihnen sogar, als die Hälfte aller Huron durch die eingeschleppten Krankheiten ums Leben kamen. Ich denke, dies meint Henry David Thoreau in diesem Absatz. (nativelady und Native-Americans.com 2017; Wikipedia 2021d). (Siehe auch Fußnote 27 auf Seite 22)

manchmal seltsame Fehler. Oft ist der arme Mensch nicht so kalt und hungrig, wie er schmutzig, zerlumpt und ekelhaft ist. Es ist teilweise sein Geschmack und nicht lediglich sein Unglück. Wenn du ihm Geld gibst, kauft er sich damit vielleicht noch mehr Lumpen. Ich pflegte die unbeholfenen irischen Arbeiter zu bemitleiden, die in solch schäbiger und zerlumpter Kleidung auf dem Teich Eis schnitten, während ich in meinen ordentlicheren und etwas modischeren Kleidern fröstelte, bis eines bitterkalten Tages einer, der ins Wasser gerutscht war, zu mir nach Hause kam, um sich zu wärmen, und ich sah, wie er drei Paar Hosen und zwei Paar Strümpfe auszog, bevor man die nackte Haut sah[33], jedoch waren sie schmutzig und zerlumpt, ja, wirklich, und dass er es sich leisten konnte, die zusätzlichen Kleidungsstücke, die ich ihm anbot, abzulehnen, denn er hatte so viele darunter[34]. Dieses Untertauchen war genau das, was er brauchte. Da fing ich an, mich selbst zu bemitleiden, und ich sah, dass es eine größere Wohltat wäre, mir ein Flanellhemd zu schenken als ihm einen ganzen Laden billiger Kleidung. Es kommt einer, der das Übel an den Wurzeln packt, auf tausend, die [nur] auf die Äste hacken, und es mag sein, dass derjenige, der den Bedürftigen am meisten Zeit und Geld schenkt, durch seine Lebensweise am meisten zu dem Elend beiträgt, das er vergeblich zu lindern sucht. Es ist der fromme Sklavenzüchter, der den Erlös jedes zehnten Skla-

---

[33] Im Original: *"ere he got down to the skin"* = *"ehe er bei der Haut ankam"*

[34] Eigentlich *"intra"*, also *"innerhalb"*.

ven dazu verwendet, den übrigen einen Sonntag frei zu kaufen. Manche zeigen ihre Güte gegenüber den Armen, indem sie sie in ihren Küchen arbeiten lassen. Wären sie nicht gütiger, wenn sie selbst dort arbeiten[35] würden? Ihr rühmt euch, den zehnten Teil eures Einkommens für wohltätige Zwecke auszugeben; vielleicht solltet ihr die neun Zehntel [einfach] so ausgeben und fertig damit. Die Gesellschaft erhält sonst[36] nur ein Zehntel des Vermögens zurück. Ist dies der Großzügigkeit desjenigen zu verdanken, in dessen Besitz es sich befindet, oder der Nachlässigkeit der Justizbeamten?

[8] Philanthropie ist fast die einzige Tugend, die von den Menschen ausreichend geschätzt wird. Nein, sie wird weit überschätzt; und es ist unser Egoismus, der sie überschätzt. Ein kräftiger armer Mann lobte an einem sonnigen Tag hier in Concord einen Mitbürger, weil er, wie er sagte, freundlich zu den Armen sei; wobei er sich [mit "den Armen"] selbst meinte. Die gütigen Onkel und Tanten der Menschen[37] werden mehr geschätzt als ihre wahren

---

[35] Eigentlich verwendet Thoreau hier "*anstellen*", im Sinne von "*beschäftigen*", doch kommt es in beiden Sätzen vor und im Deutschen hört es sich dann seltsam an, weshalb ich mich für "*arbeiten (lassen)*" entschied.

[36] Im Original: "*then*" = "*dann*", doch bezieht sich dieses "dann", der Logik Willen, auf den ersten Teil des vorherigen Satzes, nicht auf den letzten - was es grammatikalisch jedoch tut. Schon weiter oben (Fußnote 27) hatte ich angemerkt, dass der Satz eigentlich grammatikalisch falsch ist.

[37] Im Original: "*the race*", einen Ausdruck, der sich bei Henry David Thoreau häufiger für die "menschliche *Rasse*" findet, als Gegensatz zur "tierischen *Rasse*".

geistigen Väter und Mütter. Ich hörte einmal, wie ein ehrwürdiger [christlicher] Redner über England [dozierte], ein Mann von Gelehrsamkeit und Intelligenz, [der,] nach der Aufzählung seiner wissenschaftlichen, literarischen und politischen Würdenträger, [wie] Shakespeare, Bacon, Cromwell, Milton, Newton[38] und anderen, als nächstes von seinen christlichen Helden sprach, die er, als ob sein Berufsstand es von ihm verlangte, weit über alle anderen als die größten der Großen erhob. Es waren Penn, Howard und Mrs. Fry.[39] Jeder muss die Falschheit und Heuchelei dieser Behauptung spü-

---

[38] *William Shakespeare* (1564 - 1616) war ein englischer Dichter.

Francis Bacon (1561 - 1626) war Politiker und Philosoph, er gilt als der Vater des Empirismus.

Oliver Cromwell (1599 - 1656) war eine kurze Zeit Herrscher über Großbritannien und verhinderte dadurch den Absolutismus in England.

John Milton (1608 - 1674) war Dichter und Schriftsteller. H.D. Thoreau bezieht sich auf sein Werk "*Paradise Regained*" mit seiner Schrift "*Paradise (to be) regained*" ("*Das (bald) zurückgewonnene Paradies*" (Thoreau und Schieferdecker 2021a),

Isaac Newton (1642 - 1726) gilt als einer der bedeutendsten Wissenschaftler und Physiker aller Zeiten.

[39] *William Penn* (1644 - 1718) war ein bedeutender Sprecher der Quäker, sowie der Gründer von Pennsylvania und Philadelphia.

Elizabeth Fry (1780 - 1845) war eine Quäkerin und setzte sich für eine Reformierung vor allem der Frauengefängnisse ein und gründete eine Krankenpflegeschule. Sie bekam den Beinamen "Engel der Gefängnisse".

John Howard war gleichfalls ein Reformer der Gefängnisse (siehe Fußnote 24 auf Seite 21).

ren. Die Letzt[genannt]en waren nicht die besten Männer und Frauen Englands, [sondern] nur, vielleicht, ihre besten Philanthropen.

[Philanthropie und Selbstverleugnung]

[9] Ich möchte das Lob, das der Philanthropie gebührt, nicht schmälern, sondern nur Gerechtigkeit für alle fordern, die durch ihr Leben und ihre Werke ein Segen für die Menschheit sind. Ich schätze nicht in erster Linie die Aufrichtigkeit und das Wohlwollen eines Menschen, die gewissermaßen sein Stamm und seine Blätter sind. Die Pflanzen, aus deren verwelktem Grün wir Kräutertee für die Kranken machen, dienen nur einem bescheidenen Zweck und werden meist von Quacksalbern verwendet. Ich will die Blüte und die Frucht eines Menschen, damit ein gewisser Duft von ihm zu mir herüberweht und eine gewisse Reife unser Verkehren [miteinander] würzt. Seine Güte darf nicht ein teilweiser und vorübergehender Akt sein, sondern [sollte] ein ständiger Überfluss [sein], der ihn nichts kostet und ihm nicht bewusst ist. Dies ist eine Wohltätigkeit, die eine Vielzahl an Sünden verbirgt.[40] Der Philanthrop umgibt die Menschheit zu oft mit der Erinnerung an

---

[40] In "*A week on the Concord and Merrimack Rivers*" (Thoreau 1867; 1849) schreibt Henry David Thoreau etwas Ähnliches über die Freundschaft:
"*Eine niedere Freundschaft ist von enger und exklusiver Tendenz, aber eine edle ist nicht exklusiv; gerade ihr Überfluss und ihre zerstreute Liebe ist die Menschlichkeit, die die Gesellschaft versüßt und mit fremden Nationen sympathisiert; denn, obwohl ihre Grundlagen privat sind, ist sie in der Tat eine öffentliche Angelegenheit und ein öffentlicher Vorteil [...].*"

seinen eigenen verdrängten[41] Kummer als Atmosphäre und nennt das Mitgefühl. Wir sollten unseren
Mut und nicht unsere Verzweiflung, unsere Gesundheit und Leichtigkeit und nicht unsere Krankheit
weitergeben und darauf achten, dass sich diese [,
unsere Verzweiflung und Krankheit,] nicht anste-
ckend ausbreiten.[42] Aus welchen südlichen Ebenen
erhebt sich die Stimme des Jammers? In welchen
Breitengraden wohnen die Heiden, denen wir Licht
schicken wollen? Wer ist der unbeherrschte und
brutale Mensch, den wir erlösen wollen? Wenn
einem Menschen etwas fehlt, so dass er seine Aufgaben nicht erfüllen kann, wenn er sogar Schmerzen in den Eingeweiden hat - denn das ist der Sitz
des Mitgefühls -, dann macht er sich sofort daran,
die Welt zu reformieren.[43] Da er selbst ein Mikro-
kosmos ist, entdeckt er - und es ist eine wahre Entdeckung, und er ist der Mensch, der sie macht -,
dass man auf der Welt grüne Äpfel ist; in seinen
Augen ist der Globus selbst ein großer grüner Apfel,
bei dem die schreckliche Gefahr besteht, dass die
Menschenkinder daran knabbern, bevor er reif ist;
und sofort sucht seine drastische Philanthropie den
Eskimo[44] und den Patagonier[45] auf und umarmt die
bevölkerungsreichen indischen und chinesischen

---

[41] Im Original "*castoff*", was eher "*verstoßenen*" bedeutet.

[42] Einen ähnlichen Wortlaut verwendet Henry David Thoreau
auch in "Teil 2: Die Reform und die Reformer", Absatz 38.

[43] Einen ähnlichen Wortlaut verwendet Henry David Thoreau
auch in "Teil 2: Die Reform und die Reformer", Absatz 9

[44] *Eskimo* ist eine Sammelbezeichnung für indigene Völker der
nördlichen Polarregion.

Dörfer; und so, (durch ein paar Jahre philanthropischer Tätigkeit, während der die Mächte ihn - in der Zwischenzeit - für ihre eigenen Zwecke benutzen, und zweifellos heilt er sich von seiner Verdauungsstörung,)[46] bekommt der Globus eine leichte Röte auf einer oder beiden seiner Wangen, als ob er anfangen würde, reif zu werden, und das Leben verliert seine Derbheit und [es] ist wieder großartig[47] und heilsam [das Leben] zu leben. Ich habe nie von einer größeren Ungeheuerlichkeit geträumt, als [derer, die] ich [selbst] begangen habe. Ich habe nie einen schlimmeren Menschen als mich gekannt und werde auch nie einen kennen.

[10] Ich glaube nicht, dass das, was den Reformator so traurig macht, sein Mitgefühl mit seinen Mitmenschen in der Not ist, sondern, obwohl er der heiligste Sohn Gottes ist, sein privater Kummer. Lasst dies in Ordnung gebracht werden, lasst den Frühling zu ihm kommen, den Morgen über seine Couch steigen, und er wird seine edelmütigen Gefährten ohne Entschuldigung im Stich lassen.[48] Meine Entschuldigung dafür, dass ich keine Vorträge gegen den Gebrauch von Tabak halte, ist, dass

---

45 Als *Patagonien* wurde der fast südlichste Zipfel Südamerikas bezeichnet. Der südlichste ist Feuerland. Siehe auch Fußnote 93, Seite 47.

46 Klammern und die Gedankenstriche wurden von mir zur besseren Lesbarkeit gesetzt.

47 Im Original steht "*sweet*" in der Bedeutung von "*super*", "*klasse*".

48 Dieser Satz findet sich, etwas abgewandelt, auch in "Teil 2: Die Reform und die Reformer", Absatz 10.

ich ihn nie gekaut habe, das ist eine Strafe, die reformierte Tabakkauer zu zahlen haben; obwohl es genug Dinge gibt, die ich gekaut[49] habe, gegen die [und deren Gebrauch] ich Vorträge halten könnte. Falls du jemals von einem dieser Philanthropien verführt werden solltest, so lass deine linke Hand nicht wissen, was deine rechte tut, denn es lohnt sich nicht es zu wissen.[50] Rette den Ertrinkenden und binde deine Schnürsenkel. Nimm dir Zeit und mach dich an eine freie[51] Arbeit.

[Sei ein freier Mensch - ein Azad]

[11] Unsere Sitten sind durch den Umgang mit den Heiligen verdorben worden. Unsere kirchlichen Gesangbücher klingen wieder von einer melodischen Verfluchung Gottes und ewigen Erduldens von Ihm. Man könnte sagen, dass selbst die Propheten und Erlöser eher die Ängste der Menschen

---

[49] "*Kauen*" ist hier ähnlich doppeldeutig wie im Deutschen ("*kauen*" im Sinne von "*nachdenken*"), obwohl wir im Deutschen eher sagen würden, dass wir an etwas "*nagen*".

[50] Dies ist ein berühmtes Bibelzitat aus Matthäus 6:2-4: "*Wenn du Almosen gibst, sollst du nicht lassen vor dir posaunen, wie die Heuchler tun in den Schulen und auf den Gassen, auf dass sie von den Leuten gepriesen werden. Wahrlich ich sage euch: Sie haben ihren Lohn dahin. Wenn du aber Almosen gibst, so lass deine linke Hand nicht wissen, was die rechte tut, auf dass dein Almosen verborgen sei; und dein Vater, der in das Verborgene sieht, wird dir's vergelten öffentlich.*"

[51] Im Original: "*free labor*". Dies könnte eine Arbeit sein, die man bereitwillig macht oder eine offene Arbeit, eine noch nicht getane Arbeit.

getröstet als ihre Hoffnungen bestätigt[52] haben. Nirgendwo ist eine einfache und unbändige Zufriedenheit mit dem Geschenk des Lebens, [oder] irgendein denkwürdiges Lob Gottes, aufgezeichnet.[53] Alles Gesunde und Gelungene tut mir gut, auch wenn es noch so fern und entrückt erscheint; alles Kranke und Misslungene hilft mich traurig zu machen und schadet mir, egal wie viel Sympathie es mit mir hat oder ich mit ihm. Wenn wir also die Menschheit durch wahrhaft indianische, botanische, magnetische[54] oder natürliche Mittel wiederherstellen wollen, lasst uns selbst zuerst so einfach und gut wie die Natur sein, die Wolken vertreiben, die über unseren eigenen Brauen hängen, und ein wenig Leben in unsere Poren aufnehmen.[55] Bleibt nicht, um ein Aufseher der Armen zu sein, sondern bemüht euch, einer der Würdenträger der Welt zu werden.

---

[52] Hier ist gemeint, dass sie die Menschen trösten, statt ihnen zu zeigen, dass sie Hoffnungen haben können. Ihr Handeln ist auf die Vergangenheit gerichtet, nicht auf die Zukunft.

[53] Ein großer Teil der ersten Hälfte dieses Absatzes findet sich auch in "Die Reform und die Reformer" in Absatz 45.

[54] 1820 entdeckte Hans Christian Örsted die Beziehung zwischen Magnetismus und Elektrizität, 1821 baute Faraday den ersten Elektromotor und 1825 erfand William Sturgeon den ersten Elektromagneten.

[55] Dieser Satz findet sich in ähnlicher Weise auch in Absatz 39 in "Die Reform und die Reformer".

Schaubild 3: Der Blumengarten (Golestan) von Saadi (public domain, bearbeitet von C.S.)

[12] Ich las im *Golestan*[56], oder *Blumengarten*, von Scheich Saadi von Schiraz[57], dass "sie einen weisen Mann fragten und sagten: '*Von den vielen berühmten Bäumen, die der Allerhöchste Gott hoch und schattig erschaffen hat, nennen sie keinen Azad*[58], *oder frei, außer der Zypresse, die keine Früchte trägt; welches Geheimnis liegt dahinter?*' Er ant-

---

[56] Hier ist "*The Gulistan of Sa'di - The Rose Garden*" von Sa'di, in der Übersetzung von *James Ross*, welche zum ersten Mal 1823 veröffentlicht wurde, gemeint (Sa'di und Ross 2012; WorldCat und OCLC, Inc. 2021).
Eine weitere Erwähnung des *Gulistan* findet sich in "Teil 3: Die Reformer " in Absatz 13.

[57] *Saadi* oder *Sa'di* war ein bedeutender persischer Dichter. Er ist insbesondere für seine beiden Werke *Bustān* und *Golestān* bekannt. Saadi stammte aus Schiras (im heutigen Iran gelegen). Der *Golestān*, geschrieben 1259, ist eine Sammlung von Gedichten und Geschichten. Sie zählt zählt zu den wichtigsten Werken der persischen Literatur.
In der Eingangshalle der Vereinten Nationen in New York findet sich eine Tafel mit einem Zitat aus dem *Golestān*:
"Human beings are members of a whole,
In creation of one essence and soul.
If one member is afflicted with pain,
Other members uneasy will remain.
If you have no sympathy for human pain,
The name of human you cannot retain"
"Die Menschen sind Teile eines Ganzen,
Erschaffen von einer Essenz und Seele.
Wenn ein Mitglied Schmerzen leidet,
werden andere Mitglieder besorgt.
Wenn du nicht mitleidest bei menschlichem Schmerz,
Kannst du den Begriff der Menschlichkeit nicht bewahren."

[58] *Azad* ist persisch und heute noch ein in Indien und Pakistan, aber auch in Aserbaidschan verbreiteter Name und bedeutet tatsächlich "*frei*" oder "*der/die Freie*". Es gibt deshalb viele Zeitungen, die sich "*Azad*" nennen, auch ist es ein beliebter

34

wortete: '*Jeder [Baum] hat seine zu ihm gehörende Frucht und eine bestimmte Zeit, in der er, so lange sie andauert, sprießt[59] und blüht, und während der Abwesenheit [dieser Zeit] ist er trocken und verdorrt; keinem dieser Zustände ist die Zypresse ausgesetzt, ihr geht es immer gut[60]; und von dieser Art sind die Azads, oder religiös Unabhängigen. - Klammere dein Herz nicht an das, was vergänglich ist; denn der Dijlah oder Tigris wird noch durch Bagdad fließen, wenn das Geschlecht der Kalifen ausgestorben ist; wenn du viel hast[61], sei großzügig*

Name.

[59] Im Original eigentlich "*fresh*" = "*frisch*". Es gibt eine Zeit der Energie (*fresh and blooming*) und eine der Energielosigkeit (*dry and withered*). "*Frisch*" passt im Deutschen nicht zu einer Frucht, die Energie symbolisieren soll.

[60] Im Original "*flourishing*", was "*gut gehen*" heißt, aber auch "*florierend*" oder "*blühend*".
Zypressen sind immergrüne Bäume und können sehr alt werden. Die momentan älteste Zypresse ist etwa 4000 Jahre alt, heißt Sarv-e-Abarkooh und steht im Iran.
Siehe auch Fußnote 63 auf Seite 36.

[61] Eigentlich im Original "*wenn deine Hände voll sind*": Wenn die Hände voll sind, hat man zu viel und muss etwas abgeben, um die Hände wieder für etwas anderes benutzen zu können.

wie die Dattelpalme; aber wenn du nichts zu ver-schenken[62] hast, sei ein Azad oder freier Mensch wie die Zypresse[63]."

Schaubild 4: Zypresse (Pixabay, bearbeitet von C.S.)

---

[62] Eigentlich steht im Englischen "*afford*", was hier wahrschein-lich in der Bedeutung "*erzeugen*" verwendet wird, da die Zypresse nichts erzeugt (in dieser Geschichte). Das Wort heißt aber auch "*bieten*" oder "*gewähren*". Man könnte also auch übersetzen: "*Wenn du nichts zu bieten hast*" oder "*Wenn du nichts erzeugst*".

[63] Natürlich hat auch die Zypresse Früchte und Samen, doch kann man sie nicht essen, weshalb sie den Menschen nichts zu geben hat. Siehe auch Fußnote 60 auf Seite 35.

Teil 2: Die Reform und die Reformer

[Originaltitel: Reform And The Reformers]

[Konservative und Reformer]

[1] Die Reformer sind zweifellos die wahren Vorfahren der nächsten Generation; der Konservative gehört zu einer aussterbenden[64] Familie und hat nicht gelernt, dass derjenige, der sein "Leben" zu retten sucht, es verlieren wird[65]. Beide [, der Konservative und der Reformer] sind krank, aber der eine [, der Konservative[66],] ist bereits wieder auf dem Weg der Genesung[67]. Seine Krankheit ist nicht

---

[64] Im Original: "*decaying* ", was eher "*verfallend*", "*verrottend*", "*zugrunde gehend*" bedeutet.

[65] Henry David Thoreau verwendet hier die selbe Redewendung wie in "*Über die Pflicht zum Ungehorsam*" (Thoreau, Emerson, und Schieferdecker 2021, 67; Thoreau und Schieferdecker 2021c).
In Matthäus 16:25-26 findet sich: "*Denn wer sein Leben erhalten will, der wird's verlieren; wer aber sein Leben verliert um meinetwillen, der wird's finden. Was hälfe es dem Menschen, so er die ganze Welt gewänne und nähme Schaden an seiner Seele?*" (bibeltext.com 2020).
Fast Wortgleich findet sich dieses Zitat nochmals bei Lukas 9:24-25 und Markus 8:35-36. Dieses Zitat ist ganz im Sinne Thoreaus: Was bringen dir alle Reichtümer der Welt, wenn du den wahren Reichtum *in dir* nicht erkennen kannst?

[66] Leider steht im Original nur "*der eine ... der andere ...*". Dass es sich bei dem erstgenannten um den Konservativen handeln muss, ist eine Schlussfolgerung von mir, denn "*er ist [...] krank an [...] Tradition und Konformität.*"

[67] Im Original: "*convalescent*" = "*genesend*".

chronisch, sondern akut[68], und er sieht dem kommenden Frühling hoffnungsvoll entgegen. Er ist nicht krank an einer unheilbaren Krankheit, an Pest oder Schwindsucht, sondern an Tradition und Konformität und Ungläubigkeit; der andere [, der Reformer,] aber nimmt noch geduldig seinen Magenbitter[69] und seine Quacksalbermedizin ein, und es wird ihm noch schlechter gehen.

[2] Die Köpfe der Konservativen haben ein schwächliches und mangelhaftes Aussehen, eine gewisse Unreife[70] und Konkavität[71], als ob sie ein- oder beidseitig noch vor der Reife freigelegt[72] oder flach hingelegt[73] oder zusammengepackt worden wären, wie wenn sich mehrere Kastanien unter der-

---

[68] Im Original: "*His disease is not organic but acute*". Da akute Erkrankungen solche sind, die eher plötzlich auftreten, könnte hier der Gegensatz zu chronischen Erkrankungen gemeint sein, wobei Thoreau statt "*chronisch*" das Wort "*organisch*" ("*organic*") verwendet. Das Wort "*organisch*" macht ansonsten keinen Sinn als Gegensatz zu "*akut.*" Dadurch kann er auch dem Sommer hoffnungsvoll entgegensehen, weil die Krankheit vorübergehen wird, im Gegensatz zu einer chronischen Erkrankung.

[69] Ein *Magenbitter* ist ein stark alkoholisches Getränk aus Kräutern, von dem manche Menschen glauben, es wäre gesund.

[70] Im Original "*premature*". "*Mature*" ist "*reif*", "*ausgewachsen*" und die Vorsilbe "*pre*" bezeichnet etwas, das davor geschah, und deshalb "*vor der Reife*" geschieht oder "*unreif*" ist.

[71] "*Konkav*" = "*nach innen gewölbt*". Hier wahrscheinlich im Sinne von "*eingefallene Gesichter*".

[72] "*Vor der Reife freigelegt*" soll heißen: Man hat etwas damit gemacht, bevor es fertig war und dadurch wurde es beschädigt oder verunstaltet.

selben Schale[74] bilden, wo nur eine hätte sein sollen.
Wir wundern uns, dass ein solcher Kopf einen ganzen Hut trägt[75]. Solche wie diese scharen sich natürlich zum gegenseitigen Schutz zusammen. Sie
sagen "wir" und "unser", als hätten sie nie eine indi-
viduelle Existenz gehabt. Unsere Indianerpolitik;
unsere Küstenverteidigung, unser Nationalcharak-
ter. Sie sind das, was man öffentliche Männer nennt,
modische Männer, ehrgeizige Männer, Kapläne der
Armee oder der Marine; Männer von Besitz, Ansehen und Respektabilität, zum größten Teil, und in
allen Fällen von der Gesellschaft geschaffen.
Manchmal sind sie sogar in "wichtige Gründe" eingeschifft[76], die in einem früheren Zeitalter an den
Ufern der Gesellschaft gestrandet sind, und handeln
nach ihnen mit einer Art von widergespiegelter und
traditioneller Vornehmheit, sicherlich uneigennüt-

---

[73] Im Original: "*made to lie*". Ich nehme an, Henry David Thoreau hat das Bild im Kopf, dass unreife "*Früchte*" flach hingelegt (oder zusammengepackt) werden und so Dellen
bekommen. Siehe auch Fußnote 74.

[74] Wörtlich schreibt Thoreau: "*mehrere Nüsse (nuts) unter der-
selben Klette*". Kastanien sind im Englischen Nüsse ("*chest-
nuts*"). Ihre Schalen sind, wenn sie trocken sind, wie Kletten.
In Kastanienschalen findet man häufig zwei Kastanien,
wodurch die einzelnen Kastanien eingedellt sind und ihre
typische Form bekommen. Siehe auch Schaubild 9, Seite 117.

[75] Zur Zeit Henry David Thoreaus glaubten viele an *Phrenolo-
gie*, eine von dem Arzt Franz Joseph Gall erfundene Lehre. In
dieser "Wissenschaft" geht man davon aus, dass sich der Charakter in der Kopfform zeigt.

[76] "*Embarked*" heißt "*eingeschifft*", aber auch "*beteiligt*" oder
"*eingestiegen*". Ich bin bei "*eingeschifft*" geblieben, um das
Bild Thoreaus, das gestrandete Schiff, mitzuzeichnen.

zig, bis heute[77]. Der Konservative hat viele Tugenden, die der Reformer nicht hat - oft eine eigentüm-
liche und unerwartete Liberalität und Höflichkeit,
eine entschiedene Sachlichkeit und Ehrfurcht vor
den Tatsachen, und mit ein wenig weniger Reizbar-
keit oder mehr Gleichgültigkeit wäre er der erträgli-
chere Gefährte [von beiden]. Er ist der Verwalter
der Gesellschaft, und zumindest in diesem Amt ist
er treu und großzügig. Er ist ein pflichtbewusster
Sohn, aber ein tyrannischer Vater, und er sieht nicht
jene unvorstellbare Epoche voraus, in der die auf-
steigende Generation auf eine Stufe mit den Aufge-
stiegenen gestellt sein wird[78]. Vielmehr ist er selbst

---

[77] Thoreau wollte hier unbedingt Schiffsmetaphern verwenden,
was aber dadurch die eigentliche Bedeutung im Dunkeln
lässt. Die Schiffsmetaphern könnten sich auf die Einwanderer
beziehen. Viele von ihnen kamen mit Schiffen in die USA,
weil ihre Überzeugungen in ihren Heimatländern nicht gerne
gesehen waren. Hier, in der neuen Welt, halten sie an diesen
fest, anstatt sie der neuen Welt, den Vereinigten Staaten,
anzupassen. "Wichtige Gründe" ("great causes") könnten
also Gründe, Glaubensgrundsätze oder Ideale aus vergangen
Tagen sein, die man bis heute hoch hält. Die Konservativen
sind mit ihren Haltungen und Idealen der Vergangenheit in
der Jetztzeit gestrandet.
Im Original steht "carrying them through", was ich mit "und
handeln nach ihnen ... bis heute" sehr frei übersetzt habe.
"Carrying" ist eigentlich "tragen". Sie tragen diese Gründe
bis heute oder halten sie nach wie vor hoch. Doch passt dieses Verhalten nicht zum deutschen Wort "Gründe". Es sind
eher Ideale, die wir hochhalten oder weitertragen, nach Grün-
den handeln wir.

[78] Dies könnte eine Anspielung auf die damaligen Sozialisten
sein, die sehr populär waren. Auf der Brook-Farm in Concord, Thoreaus Heimatstadt, versuchte man die sozialistischen Ideen von Charles Fourier von der Gleichheit aller

sein ganzes Leben lang ein Sohn und kommt nie zu
einer solchen Reife, um zu erfahren, dass er und
solche wie er, jetzt die Menschheit und die aktuelle
Generation sind, [dass sie] die Bewohner und
Eigentümer des Erdballs sind, aber er empfindet es
immer noch als seine Hauptpflicht, das Recht und
die Ordnung und die Institutionen, die er vorfindet,
zu erhalten [und sie gegen Veränderungen zu vertei-
digen].

[Ladies und Gentlemen]

[3] Es ist bemerkenswert, wie gut Männer trainie-
ren. Der Gespannfahrer rollt aus seiner Kutsche[79] in
einen Tom-und-Jerry[80] - und geht sofort, um sich

Menschen zu leben. So etwas ist für einen Konservativen
natürlich undenkbar.

[79] Im Original: "*cradle*" = "*Schaukel*" Mit einer *Schaukel/Wiege*
ist eine Kutsche gemeint, da Kutschen hin und her schaukeln.

[80] Zur Zeit Thoreaus war das Buch "*Tom and Jerry : Life in
London, or, The day and night scenes of Jerry Hawthorne,
Esq. and his elegant friend Corinthian*" (Egan u. a. 1869)
sehr berühmt und beliebt. Damals wurde es in einzelnen Hef-
ten veröffentlicht und in Theaterstücken aufgeführt. Seine
Beliebtheit ging so weit, dass die damals üblichen Kniebund-
hosen den Namen "Tom-and-Jerrys" bekamen und der Cock-
tail, den Tom und Jerry häufig tranken, als "Tom-and-Jerry"
bis heute bekannt ist. Auch das zügellose Verhalten, das Tom
und Jerry in den Büchern zeigten, wurde als "Tom-and-Jerry"
bezeichnet (allennz 2012). Die Helden des Buches "Tom &
Jerry" waren auch das Vorbild für die berühmte Zeichentrick-
serie, die wir alle kennen. Die zwei "Gentlemen" Tom und
Jerry wurden zu einer Katze und einer Maus.
Zu Thoreaus Zeiten galten "Tom und Jerry" als coole Typen
und viele Männer wollten wie sie sein. In etwa so, als wolle
heutzutage jeder Mann *James Bond* oder *Iron Man* sein.
Sobald der Kutscher sich aus seinem niederen Job heraus-

um sein Gespann zu kümmern - um seine Pferde zu füttern und zu tränken, ohne sich über seine Position[81] zu wundern. Was ist das Schicksal eines Menschen, verglichen mit den Interessen der Schifffahrt? Was kümmert ihn - sein Schöpfer?[82] Fährt er [, der Kutscher,] nicht für Herrn Wichtig?[83]

---

rollte und vom Wagen stieg, fühlte er sich, als wäre er *James Bond*, bzw. wie *Tom und Jerry*. Dabei übersah er ganz, dass sein Leben und seine Position keinerlei Ähnlichkeit mit dem Leben von Tom und Jerry hatten. Da er aber für Herrn Wichtig fuhr, fühlte er sich dennoch cool und wichtig - auch wenn er selbst ein unbedeutender Kutscher war. Siehe dazu auch Fußnote 83.

[81] "*Position*" im Sinne von "*Stellung in der Gesellschaft*" oder sein "*Tun*", seine "*Aufgaben*".

[82] Ich vermute, dass Thoreau hier beide Male die Antwort "*Nichts*!" erwartet.

[83] Im Original: "*Squire Make-a-Stir*". "*Make a stir*" bedeutet "*Aufsehen erregen*". Er fährt also für jemanden, der gerne Aufsehen erregt. Was der Ausdruck "*Squire Make-a-Stir*" genau bedeutet, ist nicht ganz klar, deshalb habe ich es im übertragenen Sinne übersetzt: Der Gespannführer (Kutscher) ist selbst nicht wichtig, fährt aber für jemand Wichtiges. In *Walden* finden sich ähnliche Sätze (Thoreau und Alden 1910, 7). Dort ist zu lesen (übersetzt von mir): *"Das Gerede von einer Göttlichkeit im Menschen! Sieh dir den Gespannführer auf der Landstraße an, der bei Tag oder Nacht zum Markt fährt; regt sich in ihm irgendeine Göttlichkeit? Seine höchste Pflicht, seine Pferde zu füttern und zu tränken! Was ist sein Schicksal für ihn, verglichen mit den Interessen der Schifffahrt? Fährt er nicht für Herrn Wichtig? Wie gottgleich, wie unsterblich ist er? Sehen Sie, wie er feige und schleichend, wie vage den ganzen Tag fürchtet, nicht unsterblich noch göttlich zu sein, sondern Sklave und Gefangener seiner eigenen Meinung von sich selbst, eines*

[4] Die Damen des Landes mit gleicher Tapferkeit sind Weberinnen von Toilettenkissen[84] und Ordnungen um nicht zu sehr zuzugeben ein wachsendes[85] Interesse an ihren Schicksalen zu haben. Die Männer nehmen jetzt Schnupftabak in die Nase, aber wenn sie in der Saison anders beraten worden

---

Ruhmes, den er durch seine eigenen Taten gewonnen hat. Die öffentliche Meinung ist ein schwacher Tyrann im Vergleich zu unserer eigenen privaten Meinung. Was ein Mensch von sich selbst denkt, das ist es, was sein Schicksal bestimmt, oder vielmehr anzeigt. Selbstemanzipation selbst in den westindischen Provinzen der Phantasie und Einbildung - welcher Wilberforce* ist da, um das zu bewirken? Man denke auch an die Damen des Landes, die Toilettenkissen gegen den jüngsten Tag weben**, um nicht ein allzu wachsendes Interesse an ihrem Schicksal zu verraten! Als ob man die Zeit totschlagen könnte, ohne die Ewigkeit zu verletzen."

(*William Wilberforce war ein berühmter Gegner der Sklaverei, der bereits vor Henry David Thoreaus Zeit lebte.

**Laut Cramer (Thoreau und Cramer 2004, 8) ist dies eine Anspielung auf Odysseus Frau Penelope, die während der Abwesenheit von Odysseus von Freiern bedrängt wurde. Sie versprach ihnen zu antworten, sobald sie das Totentuch für Odysseus Vater fertig gewebt habe um so quasi "*bis zum letzten Tag*" der Rückkehr des Odysseus zu weben. Ihre List ging zwar schief, aber dennoch wurde sie am Ende von Odysseus gerettet und die Freier wurden umgebracht.)

[84] Das Badezimmer für die Frau wird auch als Toilette bezeichnet. Es sind deshalb wohl Kissen für das Badezimmer, keine Toilettenauflagen, wie man vielleicht vermutet. Siehe auch Fußnote 83.

[85] Die genaue Bedeutung des Satzes ist selbst für englisch sprechende Menschen unklar (rpsh und enoon o. J.). Thoreau schreibt "*green an interest*". Cramer (Thoreau und Cramer 2004, 8) vermutet einen Hinweis auf Shakespeares *Hamlet* 1.3.101, in welchem Ophelia als "*green girl*" bezeichnet wird,

wären, hätten sie es in die Ohren und Augen gesteckt. Sie mögen dies ernsthaft leugnen, aber glauben Sie ihnen nicht.

[Der Reformer]

[5] Inmitten all dieser Unordnung und Unvollkommenheit in den menschlichen Angelegenheiten, an die er [, der Konservative] lieber nicht denken möchte, kommt der Reformer, die Verkörperung der Unordnung und Unvollkommenheit, um sie zu heilen und zu reformieren; er versucht, die göttliche Ordnung zu entdecken und ihr zu entsprechen, und bittet ernsthaft um die Mitarbeit der Menschen.

[6] Kein Zweifel, das Übel ist groß und offenkundig, und etwas muss sicherlich getan werden; und sein Eifer steht im Verhältnis zur Dringlichkeit des Falles - aber ich kenne bisher nur wenige Radikale, die radikal genug sind und diesen Namen nicht eher dadurch erhalten haben, dass sie sich [lieber] in die freiliegenden Wurzeln unschuldiger Institutionen eingemischt haben, als in ihre eigenen[86].

---

erwähnt aber nicht die genaue Bedeutung und warum dies ein Bezug zu Thoreau sein soll. "*To green*" bedeutet "*etwas begrünen*". Es wird also ein Interesse begrünt. Wenn man etwas begrünt, dann lässt man etwas wachsen, bzw. dann wächst etwas. Deshalb habe ich "*green an interest*" mit "*wachsendes Interesse*" übersetzt.

"*Green*" könnte auch im Sinne von "*Greenhorn*" oder "*noch grün hinter den Ohren*" gemeint sein, doch sind auch dies Ausdrücke für Unreife und dafür, dass etwas noch reifen, also wachsen, muss.

Siehe dazu auch Fußnote 83.

[86] "*Radikal*" und "*Wurzeln*" ist ein Wortspiel. Das Wort "*radikal*" kommt vom lateinischen Wort "*radix*" = "*Wurzel*". Radi-

[7] Krankheit und Unordnung in der Gesellschaft werden gerne auf die falschen Beziehungen verwiesen, in denen die Menschen zueinander leben, aber streng genommen, kann es so etwas wie eine falsche Beziehung nicht geben, wenn der Zustand der Dinge, die miteinander in Beziehung stehen, zutreffend[87] ist. Falsche Beziehungen erwachsen aus falschen Gegebenheiten. Der Insasse eines Armenhauses wäre auf einer einsamen Insel noch ärmer, und der Sträfling würde dort sein Gefängnis und seine Gefängnisdisziplin vorfinden.

[Reform als eine private Sache]

[8] Es ist nicht der schlechteste Grund, warum die Reform ein privates und individuelles Unternehmen sein sollte, [und] dass vielleicht das Übel auch eine private Angelegenheit[88] sein kann. Aus welchen südlichen Ebenen erhebt sich die Stimme des Wehklagens - unter welchen Breitengraden residieren

---

kale sind Menschen, die Ideen in einer sehr ursprünglichen Art und Weise vertreten, mit wenigen Kompromissen. Auch bedeutet "*radikal*" "*das Übel an den Wurzeln packen*", den giftigen Busch herausreißen, anstatt ihn zu beschneiden. Radikale wollen alles Schlechte entfernen und nicht nur die bestehenden Verhältnisse verändern. Doch laut Thoreau wollen sie diese radikalen Veränderungen bei anderen, nicht aber bei sich.

[87] Im Original: "*true*". Dies soll bedeuten: Wenn die Beziehungen wirklich so sind und wir sie uns nicht einbilden, dann sind sie keine falschen Beziehungen, sondern Realität.

[88] Im Original steht nur "*private*". Daraus habe ich "*private Angelegenheit*" gemacht, um klarer auszudrücken, was gemeint ist.

die Heiden, denen wir Licht schicken wollen - und wer ist dieser maßlose und brutale Mensch, den er [, der Reformer,] erlösen will?

[9] Wenn nun einen Menschen etwas plagt, so dass er seine Funktionen nicht ausübt[89], besonders wenn seine Verdauung schlecht ist, obwohl er noch eine beträchtliche Nervenstärke[90] hat, wenn er in allen

---

[89] Im Original: *"he does not perform his functions"*. Ich vermute, hier steckt eine Doppeldeutigkeit darin: Es geht sowohl um die gesellschaftlichen Funktionen, als auch um die körperlichen - die Blähungen, bzw. Verdauungsstörungen (*"besonders wenn seine Verdauung schlecht ist"*). In *"Leben Ohne Prinzipien"* (Thoreau, Emerson, und Schieferdecker 2021, 153–54; Thoreau und Schieferdecker 2021b), Absatz [48]) schreibt Thoreau:
"Manchmal erwache ich wie im Halbschlaf, und werde mir bewusst, was sich um mich herum abspielt, denn ein Mensch kann sich einiger Verdauungsprozesse in einem sterbenden Zustand bewusst werden, wie etwa der Dyspepsie [, Blähungen], wie man sie nennt. Es ist, als ob sich ein Denker unterwarf, um sich vom großen Kaumagen der Schöpfung zerkleinern zu lassen. Die Politik ist sozusagen der Magen der Gesellschaft, voll von Kies und Schotter [...]. Nicht nur Individuen, sondern auch Staaten haben also eine bestätigte Dyspepsie [, Blähungen], die sich, wie Sie sich vorstellen können, mit solch einer Beredsamkeit ausdrückt."
Geschwätz ist die Folge von Blähungen, weshalb Blähungen zu einer Reformbestrebung, im Sinne von *"wichtige Reden schwingen"*, führt.

[90] Nerven im heutigen Sinne kannte Thoreau noch nicht. *Nervenstärke* bedeutet hier eher *Durchhaltevermögen* und *Standhaftigkeit.*
Zu Henry David Thoreaus Zeiten wusste man, dass man Elektrizität über das Nervensystem durch den Körper leiten kann, doch war wenig über das Nervensystem bekannt. Luigi Galvani entdeckte vor 1791, dass Froschschenkel zuckten, wenn man durch sie einen elektrischen Strom fließen lässt

seinen bisherigen Unternehmungen versagt hat, wenn er eine abscheuliche Sünde begangen hat und teilweise bereut, was tut er dann? Er macht sich daran, die Welt zu reformieren.[91] Hört ihr es, ihr Wolofs[92], ihr Patagonier[93], ihr Tartaren[94], ihr Nez Percés?[95] Die Welt wird reformiert, ein für alle Mal geformt. Presto[96] - Veränderung! Mir scheint, ich höre die frohe Botschaft, die sich über die grünen Prärien des Westens ausbreitet[97]; über die stillen südamerikanischen Pampas[98], die ausgedörrten afri-

---

(Galvani u. a. 1791). Erst 1906 erhielten Camillo Golgi und Santiago Ramón y Cajal gemeinsam den Nobelpreis für Physiologie und Medizin für die Entdeckung des Nervensystems, wobei Golgi dieses bereits 1886 beschrieb (Golgi und Royal College of Physicians of Edinburgh 1886).

[91] Einen ähnlichen Wortlaut verwendet Henry David Thoreau auch in "Teil 1: Philanthropen und Reformer", Absatz 9.

[92] Die *Wolof* sind ein Volk, eine ethnische Gruppe, in Gambia, Mauretanien und Senegal. Ihre Sprache heißt gleichfalls Wolof. Warum Henry David Thoreau diese und die anderen Völker anspricht, ist unklar. Vielleicht wollte er welche verwenden, die kaum jemand damals kannte?

[93] *Patagonier* sind die Bewohner Patagoniens, des fast südlichsten Land Südamerikas, je nachdem, ob man Feuerland - den südlichsten Zipfel - mit dazu rechnet, oder nicht.

[94] Die *Tartaren* sind ein Mongolisches Volk, doch werden häufig alle Mongolen unter Dschingis-Khan fälschlich als Tartaren bezeichnet.

[95] Die *Nez Percés* sind ein Indianerstamm am Columbia River Plateau im Nordwestens der USA - also sehr sehr weit weg von Massachusetts.

[96] "*Presto*" = "*schnell*" (italienisch).

[97] Bei den *Nez Percés*.

[98] Bei den *Patagoniern*.

kanischen Wüsten[99] und die ausgedehnten sibirischen Wüsten[100]; durch die bevölkerten indischen und chinesischen Dörfer, entlang des Indus[101], des Ganges[102] und des Hydaspes[103].

[Der Charakter des Reformers]

[10] Es gibt keinen Reformer auf diesem Erdball (keinen solchen philanthropischen, wohlwollenden und wohltätigen Mann, der jetzt irgendwo in irgendeinem guten Werk engagiert ist, der vom Anblick des Elends um ihn herum betrübt und von dem Wunsch beseelt ist, es zu lindern)[104], der sich nicht sofort und besinnungslos von dieser reinen Arbeit davon machen und sich [noch] reineren [Arbeiten] zuwenden würde, wenn er nur einige obskure und vielleicht [bis dahin] unerkannte[105] persönliche Übelstände wiedergutgemacht hätte.[106]

---

[99] Bei den *Wolofs.*

[100] Bei den *Tartaren.*

[101] Ein Fluss in Pakistan.

[102] Ein Fluss in Indien und Bangladesch.

[103] Ein Fluss in Kaschmir.

[104] Klammern von mir zur leichteren Lesbarkeit gesetzt.

[105] Im Original: "*unrecognized*" = "*unerkannt*". Um sich davon zu machen um einen Missstand zu beheben, muss man ihn erkennen. Deshalb habe ich den Satz mit "*[bis dahin]*" ergänzt.

[106] Dieser Bandwurmsatz ist etwas schwer verständlich. Meines Erachtens möchte Henry David Thoreau damit sagen, dass diese "*Reformer*" nach immer "*reinerer*" Arbeit, also solcher, die sie als noch größeren Wohltäter erscheinen lassen, streben. Die zuvor begonnene Arbeit beenden sie jedoch nicht dann, wenn es für die Hilfsbedürftigen okay ist, sondern

Lasst nur den Frühling zu ihm kommen, lasst den Morgen über seiner Couch aufsteigen, und er wird seine großzügigen Gefährten verlassen, ohne Entschuldigung oder Erklärung![107]

[11] Der Reformer, der kommt, um irgendeine Institution oder ein System zur Annahme durch die Menschen zu empfehlen, darf sich nicht allein auf Logik und Argumente oder auf Beredsamkeit und Redekunst für seinen Erfolg verlassen, sondern muss sehen, dass er selbst eine ziemlich vollkommene Institution darstellt, [dass er] den Mittelpunkt und den Umfang aller anderen [darstellt], einen aufrechten Menschen.

[12] Ich bitte alle Reformer, alle, die Mäßigkeit, Gerechtigkeit, Wohltätigkeit, Frieden, die Familie, [die] Gemeinde oder [ein] auf gemeinsame Interessen beruhendes Zusammenleben empfehlen[108], uns

---

sobald sie, die Reformer, nur ein klein wenig getan haben. Dann gehen sie zur nächsten Aufgabe, die noch mehr Ansehen verspricht. Sie fangen etwas an, beenden es aber nie. Sie tun so, als würden sie Missstände beenden wollen, tun dies jedoch nicht, sondern nur so lange, so lange es keine Aufgabe gibt, die noch größeres Ansehen, noch größeren Ruhm verspricht.

[107] Dieser Satz findet sich auch - etwas abgewandelt - in "Teil 1: Philanthropen und Reformer", Absatz 10.

[108] Im Original: "*Community or Associative life*". Bei "*Community*" habe ich mich gegen *Gemeinschaft* entschieden, da eine "*Association*" eine Gemeinschaft im klassischen Sinne ist. "*Community*" ist auf Deutsch auch *Kommune* (*Gemeinde*). Dies passt besser zu "*Familie*" (als Steigerung davon). Zu Thoreaus Zeiten war ein "*Associative Life*" wahrscheinlich so etwas Ähnliches, wie die *Brook Farm* in Concord (Thoreaus Heimatstadt), auf welcher Menschen zusammen lebten und

nicht nur ihre Theorie und Weisheit zu geben, denn diese sind kein Beweis, sondern jeder [sollte] eine kleine Probe seiner eigenen Fabrikationen [(Beispiele seiner Reformideen)] mit sich herumtragen, und [jeder Reformer sollte] daran [, an seinen Versuchen die Welt zu reformieren,] verzweifeln, [wenn er versucht] jemals etwas zu empfehlen, von dem nicht wenigstens eine kleine Probe hergestellt [oder gezeigt] werden kann: - damit [, wenn er eine Probe dabei hat,] der Mäßige mich den Geschmack der Mäßigkeit kennenlernen lässt, wenn er gut ist, der Gerechte mir erlaubt, die Segnungen der Freiheit zu genießen, während ich bei ihm bin, [und] der Gemeinschaftsmensch mir erlaubt, die Süße des Gemeinschaftslebens in seiner [idealen] Gesellschaftsform [, die er propagiert,] zu kosten.

[Wie Schall und Rauch]

[13] Ich kann es nicht ertragen, wenn man mir sagt, ich solle auf gute Ergebnisse warten, ich sehne mich ebenso sehr nach guten Anfängen. Wir kommen nie zu endgültigen Ergebnissen, und es ist auch [etwas] zu spät, um davon auszugehen, dass es nächstes Jahr einen neuen Anfang gibt.[109]

---

versuchten, die sozialistischen Ideen von Charles Fourier wahr werden zu lassen.

[109] *"Perennial beginnings"*: Eigentlich sind es *"jährlich wiederkehrende Anfänge"*. Henry David Thoreau ist ein Naturmensch. Er kennt den Unterschied zwischen *perennial plants* (ganzjährigen Pflanzen) und *annual plants* (einjährigen Pfanzen). Deshalb denke ich, dass *perinnial* hier im Sinne von *"wird nächsten Jahr wiederkommen"* verwendet wird, denn nur dann macht der Satz einen Sinn. *"Wiederkehrende*

[14] Aber leider, wenn wir den Planer bitten, uns das Material zu zeigen, aus dem seine Struktur gebaut werden soll, zeigt er uns nur schön aussehende Worte, entschlossene und solide Worte für die Untermauerung, bequeme und gemütliche Worte für den Körper des Gebäudes, Gedichte und Flüge der Phantasie für das Gewölbe und die Kuppel.

[15] Die Menschen wissen sehr wohl, wie sie unfruchtbare Worte von denen unterscheiden können, die zu einer Tat führen, und der versprechende oder drohende Redner wird nur an seiner Fähigkeit und Entschlossenheit gemessen, zu tun, was er sagt. Die phlegmatischen[110] Zuhörer, die in der Nähe der Türen sitzen[111], wissen, dass der Redner nicht beabsichtigt, das Eigentum abzuschaffen oder die Familie sterben zu lassen oder heute Abend auf menschliche Regierungen in der ganzen Welt zu verzichten, sondern dass er einfach zugestimmt hat, der Redner zu sein, und - sie[112] haben zugestimmt, das Publikum zu sein. Sie können zufällig wissen, dass der Redner gegen den Gebrauch von Geld für seinen

---

Anfänge" oder "jährliche Anfänge" ist unsinnig, noch dazu in Kombination mit "spät" oder "zu spät".

[110] Die trägen und gleichgültigen Zuhörer.

[111] Wer in der Nähe der Türe sitzt, ist meist nicht sonderlich interessiert an dem, was der Redner sagt. Er sitzt dort, um die Veranstaltung jederzeit - möglichst unauffällig - verlassen zu können.

[112] Hervorhebung von mir.

Vortrag bezahlt wird, und das ist das Prinzip, das sie hören und vermuten, und sie haben eine große Menge[113] an Sympathie für ihn.

[16] Nach all den Friedensvorträgen und und den widerstandsfreien Versammlungen[114] war noch nie zu erfahren, wie sich einer der Redner im Ernstfall verhalten würde, weil ein sehr wichtiger Streiter, ein Herr Widerstand, nicht anwesend war, um seine Argumente vorzubringen.

[17] Es gibt nicht nur Bücher, sondern Vorträge und Predigten der Fiktion, ob geschrieben oder frei gesprochen. Die modernen Reformer sind eine Klasse von Improvisatoren[115], wunderbarer und amüsanter als die Italiener.

[18] Was selbst die Propheten gesagt haben, ist vergessen, und die Orakel sind verfallen, aber was Helden und Heilige getan haben, ist noch in Erinnerung, und die Nachwelt wird es immer wieder erzählen.

---

[113] Im Original eigentlich "*deal*", was auch ein "*Geschäft*" ist. Dieses Wortspiel bezieht sich auf das vorher erwähnte Geld, das der Redner bekommt. Er bekommt das Geld, sie hören zu - und das ist der "*deal*", die *Vereinbarung* oder das *Geschäft*. Allerdings bedeutet der gesamte Ausdruck "*a great deal of sympathy*" eigentlich nur "*eine große Menge an Sympathie*".

[114] Im Original: "*non-resistance meetings*" = "*Nicht-Widerstands-Versammlungen*". Henry David Thoreau geht es wahrscheinlich darum auszudrücken, dass auf diesen Versammlungen nicht zum Widerstand aufgerufen wurde oder sie keinerlei Widerstandsbewusstsein zum Inhalt hatten.

[115] Im Original steht hier ein italienisches Wort: "*improvvisánti*"

[Worte und Taten]

[19] Selten sehen wir den Reformer, der in seiner Unternehmung [, der Reformierung der Gesellschaft,] einigermaßen lanciert ist, [und der] mit herzhaften und wirksamen Zügen den richtigen Zustand der Dinge herbeiführt, und nicht lieber den Weg [der Reform] durch die Köpfe des Volkes vorbereitet und ebnet[116]. Was wäre, wenn die Gemeinde gemeinsam [an einem Strang] ziehen würde, sagt er! - Ja, was wäre, wenn zwei - was wäre, wenn auch nur einer in Harmonie[117] und mit all seinen Kräften arbeiten würde! sage ich. Kein Wunder, dass Sie für meine Mitarbeit plädieren - ich könnte mich erheblich anstrengen. Mir dünkt, das Ganze wäre es wert, meine Spuren an einer guten Institution zu hinterlassen[118].

---

[116] Im Original: "*grading*". Ich nehme an, Thoreau verwendet dieses Wort im Sinne von "*planieren* (Straßenbau)". Deshalb habe ich etwas freier übersetzt. Theoretisch könnte es auch in der Bedeutung "*Einordnung, Bewertung*" gemeint sein: Der Redner bewertet die Möglichkeiten. Doch tut das nicht jeder? Dies erschien mir als Bedeutung nicht sinnvoll.

[117] Für die Bedeutung gibt es zwei Möglichkeiten: Es könnte um die innere Harmonie gehen, oder es könnte rein philosophisch gemeint sein. Weiter oben erwähnt er ja schon, dass die Reform bei jedem Einzelnen beginnen sollte und wir nicht erst die Gemeinschaft oder Mitmenschen zur Verantwortung ziehen sollten, sondern zuerst uns. Deshalb ist die Harmonie etwas, das nicht zwischen Menschen gefordert wird, sondern als eine Eigenschaft eines jeden Einzelnen.

[118] Im Original: "*to have my traces hitched to some good institution.*" Eigentlich ist "*hitched*" etwas mehr als *hinterlassen* (wie ich es übersetzt habe, siehe oben). Ich schwankte in der Übersetzung zwischen "*aufdrücken*" und "*hinterlassen*".

[20] Es kann wohl keine größere Torheit geben, als wenn Menschen sich anschicken, in ihrer Freizeit eine Wahrheit zu bekunden, mit welcher diese [Menschen] sonst nichts zu tun haben. Als ob einer verkünden würde, er gehe auf eine lange Reise, und diese [nun] verschieben soll, weil einer seiner Nachbarn dem keine Aufmerksamkeit zollt[119] oder es nicht glaubt. Für den Mann des Fleißes und der Arbeit ist es nicht wirklich wesentlich, dass ich seine Ideen teile[120]. Wenn mein Nachbar ein Haus bauen will, sei es für mich oder für sich selbst, so kommt er nicht zu mir und macht mir Vorwürfe oder bemitleidet mich, weil ich in einem Schuppen wohne, sondern er gräbt den Keller und baut das Gerüst [des Hauses] und beeilt sich, das Dach fertig zu bekommen, damit er die Innenarbeiten bequemer machen kann, und er weiß sehr wohl, mit welcher Hilfe er bei diesen Arbeiten rechnen kann.

[21] Meistens wehre ich mich, indem ich einfach mit dem Prediger und Reformer in der Meinung übereinstimme, und werde ihn los, denn er verlangt

---

"*Hitched*" wird auch im Zusammenhang mit "*verheiratet*" verwendet *("just hitched" = "frisch verheiratet")*.

[119] Eigentlich wäre die wörtliche Übersetzung "*unaufmerksam ist*".

[120] Im Original "*think with him*". Wörtlich wäre das "*mit ihm denke*". Es ist wohl ihm Sinne von "*das Gleiche denke*" gemeint, oder etwas passender in diesem Zusammenhang: "*Seine Ideen teile*", da es ja um Reformideen geht.

wirklich keine Sympathie für Taten - und diesen Trick sollte man kennen, um ihn auch bei dem reizbaren Konservativen anwenden zu können.[121]

[Menschenmassen und Reformen]

[22] Die großen Wohltäter ihrer Rasse[122] waren einmalig und einzeln und keine Menschenmassen. Ob in der Dichtung oder in der Geschichte ist es dasselbe: Minerva - Ceres - Neptun - Prometheus - Sokrates - Christus - Luther - Kolumbus - Arkwright.[123]

---

[121] Den Satz habe ich etwas umgestellt. Im Original lautet er: *"and this trick it would be well for the irritable Conservative to know and practice."* Ein Problem ist *"to know and practice"*, was schwierig ist, dies im Deutschen so hintereinander stehen zu lassen. Es bedeutet *"zu kennen und anzuwenden"*.

[122] Mit *"Rasse"* meint Thoreau *"die Menschheit"*, nicht die verschiedenen Völker. Verschiedene Rassen sind bei Thoreau zum Beispiel Menschen und Tiere, die menschliche Rasse und die tierische Rasse.

[123] *Minerva* ist die römische Version der griechischen Göttin Athene, der Göttin der Jagd und der Weisheit.
Ceres ist die römische Göttin des Ackerbaus und der Fruchtbarkeit (bei den griechischen Göttern entspricht sie Demeter).
Neptun ist der römische Gott des Meeres, der Bruder von Jupiter (Zeus bei den Griechen). In der griechischen Mythologie entspricht er Poseidon.
Prometheus ist in der griechischen Mythologie ein Titan. Er gilt als der Feuerbringer und der Erschaffer der Menschen, die er aus Lehm geformt hat.
Sokrates ist ein berühmter griechischer Dichter, von dessen Existenz wir nur durch Plato wissen.
Richard Arkwright war ein bekannter englischer Erfinder. Er gilt als der Erfinder der Textilindustrie, da er die wahrscheinlich erste große Spinnmaschine erfand. Damit war er einer der Hauptverursacher der industriellen Revolution und hat

[23] Es gibt keinen Einwand gegen das Handeln in Gesellschaften oder Gemeinschaften, wenn es der Einzelne ist, der die Gesellschaft als sein Instrument benutzt, und nicht die Gesellschaft, die den Einzelnen benutzt. Solange die Inspiration eines Einzelnen so hoch und rein ist, dass sie notwendigerweise alleinstehend[124] ist und [dadurch] nicht zum Gegenstand von Sympathiebekundungen oder Glückwünschen[125] gemacht werden kann, kann er [der Reformer,] gefahrlos jedes Instrument auf seinem Weg benutzen, [egal] ob Holz oder Eisen oder Menschenmassen. Aber wenn die Stimme der Gesellschaft sich auf eine Ebene mit seinen eigenen Gebeten erhebt und ihre Entschlossenheit zumindest seine eigene bestätigt, [dann] kann er sich selbst anzweifeln, oder er kann seine Gefährten anzweifeln[126]. Es hat Versammlungen gegeben, religiöse, politische und Reformerische, zu denen Männer [von] hundert Meilen [weit weg] kamen - jedoch alles, was anboten wurde, waren - einige Resolutionen! Was wird aus Resolutionen, die angeboten wurden?

---

somit die ganze Welt verändert.

[124] Im Original: *"solitary"*, was auch *"einsam"* bedeutet.

[125] Im Original: *"Sympathy or congratulation"*.

[126] Im Original: *"suspect"*. Dies bedeutet *"verdächtigen"*, *"argwöhnen"*, aber auch *"etwas anzweifeln"* und somit im weitesten Sinne *"einen Fehler vermuten"*.
Ein echter Reformer sollte nicht zum Gegenstand von Sympathiebekundungen werden (siehe weiter oben im Text), denn dann sind es keine Reformen her, die er plant.

[24] In jeder Gesellschaft gibt oder gab es wenigstens ein Individuum, ihren Gründer oder Führer, der nicht zu ihr gehörte, der ihr aber das Leben und die Tüchtigkeit vermittelte, die sie [, die Gesellschaft, dadurch] hatte. Traurig ist in der Tat der Zustand jener Gesellschaft, und es ist der Zustand der meisten [Gesellschaften], die ihres Kopfes - und ihrer Seele - beraubt sind. Doch[127] können die Mitglieder [dieser Gesellschaften] immer noch abstimmen - und [können] gleichsam durch die Kraft des Galvanismus[128] eine spasmische Tätigkeit im Körper aufrechterhalten, und das nennen die Menschen [dann] Leben, und erwarten Tugend und Charakter von sinnlosen Nerven und Muskeln.[129] Solche Gesellschaften werden, da sie das Leben schätzen, auf Dinner- und Teepartys zurückgreifen, damit die Mitglieder nicht noch gänzlich scheitern wegen des ebenfalls [vorhandenen] Wunsches nach einem dicken Bauch.

---

[127] Im Original eigentlich "*for*", was hier im Sinne von "*weil*" oder "*dennoch*" verwendet wird.

[128] "*Galvanismus ist eine historische Bezeichnung für Muskelkontraktionen durch elektrischen Strom. Das von Luigi Galvani entdeckte Phänomen führte zur Herausbildung der modernen Elektrophysiologie. Der Galvanismus galt im ausgehenden 18. Jahrhundert als biologische Grundlagendisziplin, in der Naturphilosophie wurde Elektrizität häufig als zentrales Merkmal des Lebens betrachtet.*" (Wikipedia 2021c). Siehe auch Fußnote 90 auf Seite 46.

[129] Die vorangegangenen drei Sätze, ab Beginn des Absatzes, sind bei Thoreau ein Satz. Ich habe ihn in drei aufgeteilt, da Thoreaus Bandwurmsätze häufig nahezu unlesbar sind.

[Beschlüsse ohne Wichtigkeit]

[25] Bedenken Sie doch, wie sehr es eine private und stille Angelegenheit ist, ein Leben zu führen - damit wir nicht unsere Pflichten oder Tätigkeiten in unserem Leben überdenken, wie in einem Gremium oder einer Versammlung von Menschen, wo viele Beschlüsse vorgeschlagen und gefasst worden sind, und das [zu behandelnde] Thema schon lange vor der Versammlung stattgefunden hat[130] und jetzt ein Redner das Wort hat und dann ein anderer, und das Thema stark diskutiert wird; Doch die Versammlung, in der unsere privatesten und intimsten Angelegenheiten besprochen werden, ist sehr dünn besucht, fast sind wir selbst nicht da, das ist der Wir-treffen-uns-selbst-Teil[131] von uns[132]. Es ist sehr

---

[130] Ich habe die zwei Teilsätze umgestellt (die Reihenfolge vertauscht), dann ist der komplette Bandwurm-Satz vom Aufbau her etwas logischer.

[131] Im Original: *"Go-To-Meting"*. Ein *"go-to"* ist hier das regelmäßige Treffen mit uns selbst, wo wir über uns nachdenken und zu vernünftigen Ergebnissen kommen.

[132] In *"Leben Ohne Prinzipien"* (Thoreau, Emerson, und Schieferdecker 2021, 107–54) beklagt Henry David Thoreau die Oberflächlichkeit der Gesellschaft. Wir nehmen so vieles wichtig, was um uns herum geschieht, und vergessen dabei, dass wir auch wichtig sind, ja sogar, dass wir existieren. So schreibt er in Absatz 31 in *"Leben Ohne Prinzipien"*: *"Größtenteils ist unser gewöhnliches Gespräch bedeutungslos und sinnlos. Oberfläche trifft Oberfläche. Wenn unser Leben aufhört, innerlich und privat zu sein, verkommt das Gespräch zu bloßem Klatsch und Tratsch. Selten begegnen wir einem Menschen, der uns Neuigkeiten mitteilen kann, die er nicht in der Zeitung gelesen oder von seinem Nachbarn erfahren hat [...]."* *"[...] als wären wir alle Hülsen und Schalen, ohne empfindli-*

still, und nur wenige Beschlüsse werden gefasst. Wenige Worte werden gesprochen, und die Stunden werden nicht gezählt!

[26] Das Nächste und Nächstgelegene [Thema] für den unglücklichen Menschen, dem wir sogar in unserer Philanthropie beistehen würden, ist das Geheimnis seines Lebens. Es ist [ihm] näher als Kälte oder Hunger, denn sie sind nichts weiter als Außenseiten davon - es ist zwischen ihm und ihnen, und egal, was wir wollen[133], wir müssen ihn damit alleine lassen.

[Erkenntnisse, die keine sind]

[27] Die Informationen, die uns die Götter gewähren, beziehen sich nie auf etwas, das wir wissen wollten. Wir sind nicht weise genug, ihnen eine Frage zu stellen. Sage mir eine Wahrheit über die Gesellschaft und du wirst sie [mit dieser] vernichten. Auch wenn wir ihre kranken Mitglieder und Gefangenen sind. Wir können nicht immer von Ihren Reformmaßnahmen aufgehalten werden. Alles, was man außen Hindernis nennt, ist innen nur Anlass. Der Gefangene, der frei im Geiste ist, auf dessen unschuldiges Leben noch einige Strahlen des

---

chen und lebendigen Kern?" (ebd. Absatz 38)
"Vielleicht schämen wir uns, zu erzählen, was wir den Tag über gelesen oder gehört haben. Ich weiß nicht, warum meine Neuigkeiten so trivial sein sollten, [dass es sich nicht lohnt, sie zu erzählen] – wenn man bedenkt, welche Träume und Erwartungen man hat, [ich weiß nicht,] warum das, was daraus entsteht so dürftig sein sollte [dass sich ein Gespräch darüber nicht lohnt]." (ebd. Absatz 33)

[133] Im Original: *"do what we will"* = *"tun was wir wollen"*.

Lichtes und der Hoffnung fallen, wird sich nicht damit aufhalten, ein Reformer der Gefängnisse, ein Erfinder besserer Gefängnisdisziplinen zu sein[134], sondern [er wird] frei auf dem Weg weitergehen, auf dem jene Strahlen in seine Zelle gedrungen sind.[135]

Schaubild 5: Quelle: Pixabay

---

[134] Dies Könnte eine Anspielung auf John Howard (siehe Fußnote 24 auf Seite 21) und Elisabeth Fry (siehe Fußnote 39 auf Seite 27) sein, sowie auf sein eigenes Erlebnis im Gefängnis, das er verließ, als ob nichts gewesen wäre und seine Arbeit fortsetzte. (siehe nächste Fußnote, Nr. 135)

[135] In *"Über die Pflicht zum Ungehorsam"* beschreibt Henry David Thoreau seine Handlungen nach dem Gefängnisaufenthalt wie folgt:
"Ich wurde ins Gefängnis gesteckt, als ich auf dem Weg zum Schuster war [...]. Als ich am nächsten Morgen entlassen wurde, erledigte ich meine Besorgungen und schloss mich [...] einer Gruppe von Heidelbeer-Pflückern an [...]." (Thoreau und Schieferdecker 2021c, Absatz 35).
Auch er hatte anderes im Kopf, als sich mit der Reformierung der Gefängnisse zu beschäftigen.

[28] Hat der Green-Mountain-Boy[136] keine bessere und aufregendere Entdeckung gemacht, als dass die Kirche verrottet und der Staat korrupt ist? Dem Himmel sei Dank, wir müssen uns unsere Berufung nicht aus den Unternehmungen aussuchen, die die Gesellschaft zu bieten hat. Ist denn derjenige wirklich *berufen*, der [das] *wählt*, wozu er berufen ist? Gehorche lieber deiner Berufung, und es wird nicht das sein, was deine Nachbarn und guten Freunde und Gönner erwarten oder wünschen, sondern sei trotzdem treu *und wähle nicht*, noch gehe dahin, wohin sie dich rufen. "*Dein Los oder dein Teil des Lebens ist das Suchen nach dir; darum ruhe es zu suchen.*"[137]

---

[136] Die *Green Mountain Boys* waren eine Bürgerwehr (Miliz), die 1770 in dem Gebiet zwischen den britischen Provinzen New York und New Hampshire gegründet wurde. Sie setze sich aus Siedlern und Landspekulanten zusammen, die die zunehmende Macht New Yorks auf ihr Land verhindern wollten und bereit waren, dies auch mit Waffengewalt zu tun. Nachdem sich Vermont 1777 für unabhängig erklärt hatte, wurden die *Green Mountain Boys* die Grundlage für die neue Armee Vermonts.
Was es mit der Entdeckung "*dass die Kirche verrottet und der Staat korrupt ist*" auf sich hat, konnte ich nicht ermitteln. jedoch bezeichnet General Joseph Smith 1843 den Staat Vermont als korrupt und bittet die *Green Mountain Boys* um Hilfe (Smith 1843).

[137] Dieses Zitat wird *Ali* (eigentlich *Abū l-Hasan ʿAlī ibn Abī Tālib*), dem Vetter und Schwiegersohn des Propheten Mohammed, zugeschrieben. Er wurde zum Kalifen ernannt (Nachfolger Mohammeds) von 656 bis 661 und war von 632 bis 661 Imam (Anführer) der Schiiten. Das obige Zitat findet sich in Simon Ockleys Werk "*History Of The Saracens*" auf Seite 339 unter dem Kapitel "*Sätze von Ali*" (Ockley 1857, 339). Dort lautet der Satz: "*Thy lot (or portion of life) is see-*

[29] Von der Seite, auf die alle Augen gerichtet sind und [die] das Geschrei und Gezeter anführt, [und] aus dem Aufwand, den der Staat anstiftet und für den die Kirche betet, kommt das am wenigsten gewinnbringende Ergebnis, die geringste Leistung.

[30] Wir würden in von Menschenhänden geschaffenen Produkten zumindest etwas Unverfälschtes haben, etwas unverfälschte Arbeit, etwas Leben in dieser alten Handlung, unseren Lebensunterhalt zu verdienen, bekommen - etwas Arbeit, die nicht ein Ausbessern, ein Schustern, ein Reformieren sein soll. Zeig mir den Jungen aus den Bergen, den Jungen aus der Stadt, der noch nie von einem Missbrauch [der menschlichen Arbeitskraft] gehört hat, der seine Bestimmung *gewählt* hat. Das [, seine Bestimmung und seine Arbeit selbst zu wählen,] ist das Vergnügen des Alters, [das Vergnügen an] der freien Arbeit des Menschen, [aber] auch an den schöpferischen und schönen Künsten[138].

---

king after thee; therefore be at rest from seeking after it."

[138] Der Satz fängt an mit *"It is .."* Auf was sich dieses *"it"* bezieht, ist etwas unklar. Ich vermute, es bezieht sich auf die Berufung (*calling*). Thoreau meint damit, dass wir unsere Berufung (*calling*) heute selbst wählen und damit selbst entscheiden, welches Schicksal (*fate/calling*) wir wählen. Damit, und auch in Absatz [28], erwähnt Thoreau ein Problem: Wenn mein Schicksal ruft (*calling*) und ich selbst bestimme, zu was ich be*rufen* werde, werde ich dann überhaupt berufen? Kann ich eine Berufung (*call*) selbst bestimmen?

[31] Sei gewiss, dein Schicksal
Behält seinen Zustand für sich;
Durch kein Band verbunden,
auch nicht mit dem Edelsten im Lande;

[32] Auf Feldern mit Zelten aus goldenen Tüchern
Hält es keinen Platz bereit,
Doch ist es ritterlicher als sie es sind,
Und seufzt für einen edleren Krieg.
Eine Trompete singt von einer edleren Beanspru-
chung,
Ein hellerer Glanz wirft seine Rüstung.

[33] Das Leben, das ich zu leben trachte,
Schlägt mir kein Mensch vor,
Nur das Versprechen meines Herzens
Trägt sein Wappen.[139]

[34] Wie lange soll das Laster der Tugend ein
Zuhause geben? Eine Generation gibt die Unternehmungen der anderen auf. So manche Institution, die
man für einen wesentlichen Teil der Ordnung der
Gesellschaft hielt, ist, in der tatsächlichen Reihenfolge der Ereignisse, wie ein gestrandetes Schiff auf
dem Sand zurückgelassen worden.[140]

---

[139] Dieses Gedicht ist tatsächlich von Henry David Thoreau. Es
wurde zum ersten Mal im Oktober 1842 in der Zeitschrift
"*Dial*" unter dem Titel "*The Black Knight*" (*Der schwarze
Ritter*) veröffentlicht (Witherell 1990).

[140] In *Walden* schreibt Henry David Thoreau:
   „*Der größte Teil dessen, was meine Nachbarn als gut*
   bezeichnen, halte ich für schlecht, und wenn ich etwas
   bereue, so ist es sehr wahrscheinlich mein gutes Benehmen.
   Welcher Dämon hat mich besessen, dass ich mich so gut
   benommen habe? Du magst das klügste sagen, was du

[Höflichkeit und Wahrheit]

[35] Wenn ein enthusiastischer Reformer gerne mit mir eine Unterhaltung führen möchte, so möchte ich, dass er zuerst überlegt, ob er mir etwas zu sagen hat. Jedes einfache und notwendige Miteinanderreden ist positiv[141]; aber es bedarf des Unglücks, es bedarf des Todes oder des großen Glücks im Allgemeinen, um sie [, die Menschen,] zusammenzubringen. Wir sind weise und stolz, zu sprechen, wenn wir die Überbringer wichtiger Nachrichten sind, auch wenn es schwer ist; einem Mann vom Wohlergehen seiner Verwandten in der Fremde zu erzählen, oder sogar [zu erzählen], dass sein Haus brennt, ist ein großes Glück, und scheint uns mit ihm durch ein wertvolles[142] Band zu verbinden.

[36] Es ist ein großer Segen, mit Menschen zu tun zu haben, zu ihnen so einfach gerufen zu werden, wie wenn man zur Berufsausübung [als Landvermesser] gerufen wird[143]. Es erfrischt und belebt uns. Aber dieses Glück ist selten. Meistens können wir

---

kannst, alter Mann - du, der du siebzig Jahre nicht ohne Ehre irgendeiner Art gelebt hast - [aber] ich höre eine unwiderstehliche Stimme, die mich einlädt von all dem wegzugehen. Eine Generation verlässt die Unternehmungen einer anderen, [so] wie [man] gestrandete Schiffe [verlässt]." (Thoreau und Carew 1854, 13).

[141] Im Original: "*sweet*". "*Sweet*" ist einerseits "*süß*", andererseits aber auch "*super*", "*toll*" und so weiter. Mit "*positiv*" habe ich beide Bedeutungen etwas enthalten. Thoreau stellt das Positive (und die Süße) dem Unglück gegenüber.

[142] Eigentlich "*worthier*", was eher "*wertvoller*", "*würdiger*" bedeutet, doch wertvoller oder würdiger als was?

einander nur unseren Witz, unsere guten Manieren
und unseren Gleichmut gönnen, und obwohl wir
Adler zu geben haben, verlangen wir von einander
nur Kupfer[144]. Wir beten, dass unser Gefährte von
uns Wahrheit, Aufrichtigkeit, Liebe und edles
Benehmen verlangt, doch momentan sind diese
Tugenden für uns unmöglich, und wir kennen sie
nur dem Namen nach. Nur Liebende kennen den
Wert und die Großmut der Wahrheit, während
Händler eine billige Ehrlichkeit und Nachbarn und
Bekannte eine billige Höflichkeit schätzen.

[37] Wenn Ihr nichts zu sagen habt, so lasst mich
euer Schweigen haben, denn das ist gut und frucht-
bar. Schweigen ist die ambrosische[145] Nacht im Verkehr der Menschen, in der ihre Offenheit rekrutiert
wird und tiefere Wurzeln schlägt.[146] - Es gibt solche

---

[143] In der heutigen Zeit ist es schwer nachvollziehbar, dass die
Aufforderung sich mit Leuten zu treffen, so einfach ist, wie
zur beruflichen Arbeit gerufen zu werden. Deshalb habe ich
den Zusatz "als Landvermesser" gemacht. Ob man mit Thoreau reden möchte oder seine Dienste als Landvermesser
beanspruchen möchte, es ist gleich einfach ihn zu sich zu
bestellen.

[144] Der *Adler* ist hier das Symbol für einen Dollar, das *Kupfer* für
die Cents. Der Satz heißt also auch: Obwohl wir einander
Dollar zu geben haben, verlangen wir nur Cents.

[145] *Ambrosia* ist die Speise der Götter. "*Ambrosische Nacht*"
könnte entweder für "*göttliche Nacht*" stehen, oder für eine
Nacht mit einem Festmahl.

[146] In seinem Buch "*A Week On The Concord And Merrimack
Rivers*" (Thoreau 1867, 288) schreibt Henry David Thoreau
(Im Kapitel "*Wednesday*"):
*"Es gibt Zeiten, in denen wir selbst von unseren Freunden
genug hatten, als wir unweigerlich beginnen, uns gegenseitig*

Laster wie Oberflächlichkeit, Geschwätzigkeit und Weitschweifigkeit (ganz zu schweigen von der Profanität[147]), die aus dem Missbrauch der Sprache (die nicht gänzlich zum Altertum gehört)[148] erwachsen, und jedes[149] [dieser Laster] hat der Gesellschaft einen freudloseren Aspekt weitergegeben.

[Die Individualität des Menschen]

[38] Ein Mensch muss einem anderen und einem besseren Nutzen dienen als dem, den er bewusst leisten kann. Jede Klasse und Ordnung im Universum ist der Himmel bestimmter Gaben für die Menschen. Es gibt eine ganze Klasse von Moschus tra-

---

zu entweihen und uns fromm in Einsamkeit und Stille zurückziehen müssen, um uns besser auf eine erhabenere Vertrautheit vorzubereiten. Stille ist die ambrosische Nacht im Verkehr der Freunde, in der ihre Aufrichtigkeit rekrutiert wird und tiefere Wurzeln schlägt."
Interessanterweise ist diese Passage in der Ausgabe von 1867 enthalten, nicht jedoch in der von 1849 (Thoreau 1849, 285).

[147] *"Profanität"* bedeutet hier, dass jemandem nichts heilig ist. Die Menschen haben keine höheren Werte und sind deshalb *profan*.
Die Klammern wurden von mir zur besseren Lesbarkeit gesetzt.

[148] Die Sprache des Altertums hatte diese Laster nicht, möchte Thoreau hier sagen.
Die Klammern wurden wieder von mir zur besseren Lesbarkeit gesetzt.

[149] Im Original *"none"*. Thoreau möchte sagen, dass jedes Laster einen unendlich freudlosen Aspekt weitergegeben hat. Keines war deshalb noch freudloser als das andere, weil dies granicht möglich ist. Durch diese kleine "Fehlübersetzung" bekommt der Satz diese Bedeutung, ohne dass ich allzu sehr ergänzen muss.

genden Tieren, und jede Blume hat ihren besonderen Geruch. Und all dies zusammen macht die allgemeine heilsame und belebende Atmosphäre aus. So sollte jeder Mensch darauf achten, seinen Duft zu verströmen, und schließlich ein solches Amt ausüben wie Schierlingszweige[150] oder getrocknete und heilende Kräuter. Obwohl du ein Reformer bist, wollen wir nicht deine Gründe, deine guten Wurzeln und Fundamente - auch nicht deine Aufrichtigkeit und Güte, die dein Stamm und deine Blätter sind - sondern wir wollen die Blume und Frucht des Menschen - dass wenigstens etwas Duft wie von frischem Frühlingsleben von dir zu mir herüberweht. Das sind [jener] Trost und jene Nächstenliebe, die eine Vielzahl von Sünden verbergen. Unser Gefährte muss uns eine Art von schätzbarem Reichtum sein oder uns wenigstens unseren eigenen Reichtums bewusst machen - in seinem Grad ist er uns ein Apostel wie Merkur, wie Ceres, wie Minerva[151], [und er ist] der Träger vielfältiger Gaben. Er muss mir das Morgenlicht makellos, und

---

[150] Der *Schierling* ist eine extrem giftige Pflanze. Im Altertum wurden Menschen mit diesem vergiftet. Bereits 0,5 g können tödlich sein. Das bekannteste Opfer ist wohl Sokrates, der gezwungen wurde, einen "Schierlingsbecher" zu trinken. Dennoch wird der Schierling auch bei Heilbehandlungen eingesetzt, wie bei Erkrankungen der Atmungsorgane und bei Krämpfen (er wirkt betäubend).

[151] *Merkur* ist ein römischer Gott und der Götterbote. Er entspricht Hermes in der griechischen Mythologie.
Minerva: Die römische Version der Göttin Athene, der Göttin der Jagd und der Weisheit.
Ceres ist die römische Göttin des Ackerbaus und der Fruchtbarkeit (bei den griechischen Göttern entspricht sie Demeter).

das Abendlich rot und ungetrübt bringen. In seiner Heiterkeit muss die Übermütigkeit des Frühlings liegen, in seiner Freude die Gelassenheit des Sommers, in seiner Weisheit die Reife des Herbstes und in seiner Stille die Rast und der Reichtum des Winters. Er sollte [mir] seinen Mut und nicht seine Verzweiflung vermitteln, seine Gesundheit und Leichtigkeit und nicht seine Krankheit, und darauf achten, dass sich diese [Verzweiflung oder Krankheit] nicht durch Ansteckung ausbreitet.[152]

[39] Es ist selten, dass wir fähig sind, unseren Mitmenschen Wohlstand zu vermitteln, und sie nicht mit unseren eigenen abgeworfenen Sorgen als Atmosphäre umgeben und es Mitgefühl nennen. Wenn wir in der Tat die Menschheit durch wahrhaft indianische, botanische, magnetische[153] oder natürliche Mittel reformieren wollen, lasst uns zuerst danach streben, so einfach und gut wie die Natur selbst zu sein.[154]

---

[152] Einen ähnlichen Wortlaut verwendet Henry David Thoreau auch in "Teil 1: Philanthropen und Reformer", Absatz 9.

[153] Der *Magnetismus* ist schon sehr lange bekannt. Bereits Hippokrates erwähnte ihn in seinen medizinischen Abhandlungen (etwa 400 vor Christus). Doch erst 1820 entdeckte Hans Christian Örsted die Beziehung zwischen Magnetismus und Elektrizität, 1821 baute Faraday den ersten Elektromotor und 1825 erfand William Sturgeon den ersten Elektromagneten.

[154] Einen ähnlichen Wortlaut verwendet Henry David Thoreau auch in "Teil 1: Philanthropen und Reformer", Absatz 11.

[Sei du selbst]

[40] Ich möchte daher dem ängstlichen Spekulanten und Philanthropen sagen - Lass uns die Wolken vertreiben, die über unseren eigenen Brauen hängen - nehmt ein wenig Leben in eure Poren auf, bemüht euch, den Fluss des Saftes in euren Adern zu fördern, findet euren Boden, schlagt Wurzeln und wächst - Apollo[155] gibt das Wasser und Gott wird für das Wachstum sorgen.[156] Helft mit, das menschliche Feld mit Grün zu bekleiden. Seid grüne und blühende Pflanzen in Gottes Gärtnerei, und nicht solch klagende, blutende Bäume, wie Dante sie in den Höllenregionen[157] sah.

---

[155] *"Apollo ist in der griechischen und römischen Mythologie der Gott des Lichts, der Heilung, des Frühlings, der sittlichen Reinheit und Mäßigung sowie der Weissagung und der Künste, insbesondere der Musik, der Dichtkunst und des Gesangs."* (Wikipedia 2021l).
Er ist der Sohn von Zeus und Leto, seine Zwillingsschwester ist Artemis (Diana). Der Tempel in Delphi, der Sitz des Orakels (siehe Fußnote 271 auf Seite 105), war der Ort, an dem er durch eine Priesterin zu den Menschen sprach.

[156] In der *King James Bibel* heißt es (1. Korinther 1:6): *"I have planted, Apollos watered; but God gave the increase."* (bibeltext.com 2020) und Henry David Thoreau schreibt: *"Apollo's waters and God will give the increase."*, also wörtlich: *"Apollos Wasser und Gott wird die Zunahme geben."* In der deutschen Bibelübersetzung heißt es (nach bibeltext.com 2020) in 1. Korinther 1:5-7: *"Wer ist nun Paulus? Wer ist Apollos? Diener sind sie, durch welche ihr seid gläubig geworden, und das, wie der HERR einem jeglichen gegeben hat. Ich habe gepflanzt, Apollos hat begossen; aber Gott hat das Gedeihen gegeben. So ist nun weder der da pflanzt noch der da begießt, etwas, sondern Gott, der das Gedeihen gibt."*

[41] Wenn deine Zweige verdorren, sende deine Fasern in jedes Königreich der Natur aus, damit sie ihren Beitrag leisten - erhebe deine Äste in den Himmel für Einflüsse des Himmels und der Sterne, lass deine Wurzeln wie die der Weide[158] weiter und tiefer wandern, zu irgendeinem feuchten und fruchtbaren Fleck in der Erde, und mache deinen Stamm fest gegen die Elemente.

[42] Sei fest verwurzelt in deinem heimatlichen Boden der Originalität und Unabhängigkeit, deiner jungfräulichen Form von unerschöpflicher Kraft und Fruchtbarkeit - und lasse dich nie wieder in die fremden und unangenehmen Regionen der Tradition und Konformität oder den mageren und sandigen Boden der öffentlichen Meinung verpflanzen.

---

[157] *Dantes Höllenregionen* sind auch als "*Dantes Inferno*" bekannt. Im Dreizehnten Gesang (Inferno XIII, 28-45) heißt es:
"*Und drum sprach nun der Meister: 'Wenn du irgend / Ein Zweiglein abbrichst von der Büsche einem, / Wird ganz zunichte werden, was du sinnest.' / Als ich ein wenig vor die Hand nun streckte, / Ein Ästchen eines großen Dornstrauchs pflückend, / Schrie laut sein Stamm: 'Warum doch mich zerknicken?' / Und da er drauf vom Blute schwarz geworden, / Begann er wieder: 'Was doch mich zerreißen? / Lebt in der Brust dir gar kein Geist des Mitleids? / [...] / So drangen aus dem Bruche Blut und Worte / Vereint hervor; drob mir die Zweigesspitze / Entfiel und ich ein Furchtergriffner dastand.*" (Dante 2011).

[158] Eine Weide bildet extrem schnell Wurzeln - vor allem in der Breite - und wächst auch rasch. Doch können ihre Wurzeln auch recht tief gehen, bis zum Grundwasser, da Weiden feuchten Boden lieben.

[43] Was! [du kennst es] umhergeblasen zu werden, ein Geschöpf der Zuneigung [zu sein], die Liebe, guten Willen und Nächstenliebe predigt, mit diesen zarten Fasern, die ganz kahl in einer kalten Welt [offenliegen], und kein Bruder [ist da], der freundlich genug ist, einen Spaten voller Erde über sie zu werfen! Versuche besser, welche Tugend sogar im Sand steckt, und bedecke deine Wurzeln mit dem ersten ausgelaugten Boden, den du finden kannst.

[44] Wer soll sagen, welche Blüten, welche Früchte, welcher öffentliche und private Vorteil sich durch diese Schale, die wir einen Menschen nennen, emporschieben mag? Der Reisende mag bei ihm, als ein immerwährender Brunnen in der Wüste, stehen und seinen Durst für immer stillen.

[Vom Sein der Welt]

[45] Der Wind, der in den Blättern raschelt, [und] die Prahlereien mancher Kinder haben mich mehr erregt als das Leben der größten und heiligsten Menschen. Welch müßiger Kummer und [welch] klischeehafte Verzweiflung bei den Heiligen! Welch schwankende Leistung bei den Helden! Selbst die Propheten und Erlöser haben eher die Ängste getröstet als die offenherzigen Begehren[159] und Hoffnungen der Menschen befriedigt! Wir kennen keine [von Menschen] irgendwo aufgezeichnete einfache und nicht kleinzukriegende Zufriedenheit mit der Gabe des Lebens, [wir kennen] kein[160] [irgendwo aufgezeichnetes] erinnerungswürdiges

---

[159] Im Original: "*free demands*". Meine Übersetzung ist etwas altmodisch.

und ohne Bestechung zustande gekommenes[161] Lob Gottes.[162] Solange die Reformer ernst genug sind und mit ihren eigenen Vorstellungen zufrieden sind, mögen sie mich unterhalten, aber wenn die Zeit kommt, dass ihr Thema erschöpft ist, und nur die traurige Alternative übrig bleibt, die Dinge zu tun, die sie gesagt haben; und sie würden lieber wollen, dass ich sie tue, dann sind sie nicht-hinnehmbare Begleiter.

[46] Ich mag die alte Welt und ich mag die neue - Winter und Sommer, Heu und Gras - mit Ausnahme des[163] Todes, der sich anmaßt, dem Leben Gesetze zu geben, und der darauf beharrt, dem Kind (das gerade begonnen hat, seine Sinne und sein Verstehen in der Wahrnehmung von Ordnung und Schönheit zu baden) eine wesentliche Krankheit und Unordnung zu attestieren. [Doch genau dieses Kind,] das darauf beharrt, seine Lebenspläne bis zu seinen letzten Tagen reifen zu lassen, ist mit nichts

---

[160] Im Original eigentlich "*a*" (= "*ein*"), doch handelt es sich um eine Aufzählung und das "*wir kennen keine irgendwo*" (im Original eigentlich "*we know nowhere*" = "*wir kennen nirgendwo*") bezieht sich auch auf diesen Satz.

[161] Im Original nur "*unbribed*" (="*unbestochen*"), was ich mit "*ohne Bestechung zustande gekommenes*" etwas freier übersetzt habe.

[162] Die vorangegangenen Sätze finden sich auch in "Teil 1: Philanthropen und Reformer" in Absatz 11.

[163] Im Original: "*but*". Die Verknüpfung ist hier unklar - der ganze Satz ist im Original wirr. Ursprünglich wollte ich es frei mit "*auch*" übersetzen, da beide Bedeutungen Sinn machen. Für Thoreau gehört der Tod dazu, was er auch öfter erwähnte, natürlich möchte er nicht, dass ein Kind stirbt.

in der Natur zu vergleichen.[164] Der heranwachsende Mensch oder die Jugend ist eine Tatsache, die wir gewöhnlich in unseren Spekulationen zu wenig berücksichtigen, an die zu denken aber manch schöner Theorie zum Verhängnis werden würde. Sprich für dich selbst, alter Mann.[165] Wenn uns die Hitze und der Tumult des Mittags bedrücken, sollten wir uns daran erinnern, dass die Sonne, die uns mit ihren Strahlen versengt, die Hügel des Morgens vergoldet und die Wälder für andere Menschen wachrüttelt. So darf auch nicht vergessen werden, dass der Abend auf der schweigenden Rückseite des Tages eine Schönheit zeigt, die dem Morgen und dem Mittag fremd sind.

---

[164] Es ist unklar, auf wen sich welches Pronomen bezieht. Der Teilsatz "*darauf beharrt, ihre/seine Lebenspläne bis zu seinen/ihren letzten Tagen reifen zu lassen*" passt eigentlich nur auf das Baby, bzw. den Menschen, der trotz der Bedrohung durch den Tod, bis zum Lebensende seine Lebenspläne weiter entwickelt. Dementsprechend habe ich ergänzt, außerdem einen Punkt hinzugefügt (im Original ist es bis hier ein Satz) und eine Klammer gesetzt.

[165] Dies ist wahrscheinlich ein Bezug auf "*Polite Conversation*" (1738) von Jonathan Swift, der auch "*Gullivers Reisen*" schrieb. Auch wenn diese Redewendung heute weit verbreitet ist, hier hat sie wahrscheinlich ihren Ursprung, auf Seite 65: "*Miss. Pray: Sir, speak for yourself.*" (Swift und Saintsbury 1892, 65)."
Eine weitere berühmte Passage entstammt dem Gedicht "*The Courtship of Miles Standish*" von Henry Wadsworth Longfellow, das 1858 veröffentlicht wurde. Henry Wadsworth Longfellow war ein Zeitgenosse Thoreaus und lebte meist in Massachusetts. In diesem Gedicht äußert sich die umworbene junge Dame gegenüber dem männlichen älteren Helden, nachdem er lange über die Motive von anderen redete: "*Why don't you speak for yourself, John?*" (Longfellow 1858, 40).

[Die Schalen der Menschen]

[47] Es ist schwer, diejenigen, die viel geredet haben, besonders Prediger und Vortragende, dazu zu bringen, ihre Rede zu vertiefen und ihrer Rede[166] neue Aufrichtigkeit und Bedeutung zu geben. Es wird lange dauern, bis sie verstehen, was ihr[167] meint. Sie [, die Prediger und Vortragenden,] werden sich fragen, ob ihr keinen Wert auf flüssiges Sprechen legt. Aber Abwässer fließen ab.[168] Dreht euch um und wartet ab, bis ihr deren Worte fest [und nicht mehr flüssig] klingen hört, und sie [, die Prediger und Vortragenden,] werden Grund haben, euch zu danken! Wie unendlich weglos und doch begehbar sind wir. Ist nicht unser eigenes Inneres weiß auf der Karte? Einwärts ist eine Richtung, die noch kein Reisender eingeschlagen hat. Das Innere ist das Ziel, das alle Reisenden suchen und von dem keiner zurückkehren will. Dort sind die Quellen des Nils und des Nigers.[169]

---

[166] "*Rede*" habe ich hinzugefügt, um der Menge an Personalpronomen etwas Einhalt zu gebieten.

[167] In diesem Text kommt sehr häufig "*sie*" (*they*) vor. Um nicht mit der deutschen Anrede "*Sie*" (*you*) durcheinander zu kommen, habe ich das englische "*you*" mit "*euch*" oder "*ihr*" übersetzt.

[168] Im Original: "*But the drains flow.*" Man könnte es auch mit: "*Der Abfluss funktioniert*" übersetzen.
Je flüssiger das Sprechen, desto eher ist es für den Gulli (denn es ist Abwasser). Erst wenn das Sprechen (die Rede) fest, solide wird, hat der Inhalt quasi Grund und Boden und ist nicht mehr für den Abfluss bestimmt, sondern ist es wert, beachtet zu werden.

[48] Jeder Mensch ist der Herr eines Reiches, neben dem das irdische Reich des Zaren[170] nur ein unbedeutender Staat ist - mit seinen Meeresgrenzen, seinen Gebirgsketten und seinen weglosen[171] Paradiesen der unberührten[172] Natur. Und, o ihr Reformer, wenn die guten Götter euch irgendeinen hellen Lichtstrahl[173] der Wahrheit gegeben haben, der ins

---

[169] Die *Quellen des Nils und des Nigers* waren zu Henry David Thoreaus Zeiten noch etwas Unbekanntes und Geheimnisvolles und deshalb der Inhalt zahlreicher Spekulationen und Märchen. Schon etwa 2000 Jahre vor Thoreau gab es zahlreiche Vermutungen über die Quellen des Nils. So soll Aischylos 500 vor Christus bereits Vermutungen über die Quelle des Nils angestellt haben. Auch die griechischen Philosophen Herodot und Aristoteles spekulierten über die Quelle. Im Laufe der Jahrhunderte stritt man sich immer wieder über die Quelle des Nils und jeder wollte der Klügste sein. Im 19. Jahrhundert gab es dann zahlreiche Forschungsreisen um die Quellen des Nils zu finden. 1857 startete Richard Francis Burton gemeinsam mit John Hanning Speke eine Expedition nach Ostafrika, um die Quellen des Nils zu finden und dann nochmals 1861. 1858 begaben sich David Livingstone und sein Bruder Charles Livingston auf die Suche nach der Quelle des Nils und den Quellen zahlreicher anderer Flüsse - ohne jedoch auf die Nilquelle zu stoßen.
Genaugenommen hat der Nil natürlich mehrere Quellen, wobei eine davon, die Quelle des "Blauen Nils" bereits 1613 entdeckt wurde von einem Jesuiten und Missionar mit Namen Pedro Páez. Die Quellen des "Weißen Nils" waren jedoch wesentlich länger unbekannt. Erst nach dem Tode Henry David Thoreaus wurden ab 1862 verschiedene Quellen des Weißen Nils entdeckt.
Die Quelle des Niger wurde sogar erst 1879 entdeckt. Besonders bekannt sind die fehlgeschlagenen Expeditionen von Mungo Park, der 1796 und 1805 versuchte die Quelle zu finden und dabei ums Leben kam.

Leben eingearbeitet werden soll, so ist hier in euren eigenen Reichen, ohne Behinderung oder Hindernis[174], die Anwendung zu machen.

[49] Diejenigen, die in Oregon und dem fernen Westen[175] wohnen, sind nicht so einzelgängerisch wie der unternehmungslustige und unabhängige Denker, der seine Entdeckungen auf sein eigenes Leben anwendet. Auf diese Weise würden wir [, würde er uns begegnen,] einen Mann sehen, der danach strebt mit seiner Axt und seinem Kessel[176]

---

[170] Der *Zar von Russland* herrschte damals über das größte Reich der Erde.

[171] Die Paradiese wurden noch nie durchschritten oder begangen, deshalb sind sie noch *weglos* oder *pfadlos*.

[172] Im Original eigentlich *"unfallen nature"*, also *"nicht gefallene Natur"*.

[173] Im Original: *"high ray"* = *"hoher Strahl"*.

[174] Im Original: *"let or hindrance"*. Beide Worte bedeuten *"Hindernis"*. Wobei *"let"* eher das ist, was behindert und *"hindrance"* eher der Zustand des Behindertwerdens.

[175] In den USA zogen die Siedler nach Westen um dort neues Land zu besiedeln, da es im Westen noch viel unerschlossenes Land gab. Das Wort "Westen" war zu Thoreaus Zeiten gleichbedeutend mit "unerforscht" und wurde auch so verwendet. So schreibt Henry David Thoreau in *"Das (bald) zurückgewonnene Paradies"* (Absatz 38):
"[...] vielleicht werden kommende Generationen [...] unter Ausnutzung künftiger Erfindungen [...] die gesamte Rasse von der Erde abwandern lassen, um einen freien und westlicheren Planeten zu besiedeln." (Thoreau und Schieferdecker 2021a, 60).
Auch Oregon war noch weitestgehend unerforscht, doch liegt es eher nördlich von Massachusetts.

[176] Eine Axt und einen Kessel benötigt man um eine offene Kochstelle zu errichten. Das Feuerholz wird mit der Axt

seinen Wohnsitz zu beginnen. In Richtung dieses reichen Bodens[177] sollte der Neuengländer[178] seinen Weg wählen. Hier ist Wisconsin[179] und der äußerste Westen. Es ist ein einfaches, unabhängiges, ursprüngliches, natürliches Leben.[180]

---

geschlagen und dann hängt man den Kessel über das Holzfeuer. Diese Kochstelle ist der Beginn einer Heimstätte.

[177] Was Henry David Thoreau mit "*dieses*" (*this*) meint, ist unklar, doch im nächsten Satz spricht er wieder unerforschte Gebiete an. Dies deutet darauf hin, dass er die Erforschung des eigenen Inneren meint.

[178] Zu Neuengland gehörten zu Zeiten Thoreaus die Staaten Massachusetts, Connecticut, Rhode Island, New Hampshire, Vermont, Maine. Siehe auch Schaubild 1 auf Seite 10.

[179] Wisconsin liegt nordwestlich von Massachusetts, an der Grenze zu Kanada. Es war zur Zeit Thoreaus noch recht spärlich bevölkert und ein Ziel von Einwanderern oder von Menschen, die dort ihr Geld verdienen wollten, denn Wisconsin war bekannt für seine Bleiminen. Es hatte 1840 nur knapp 30.000 Einwohner.

[180] Der äußerste Westen und Wisconsin sind unerforschte Gebiete und daher das, was Henry David Thoreau zuvor (Absatz [47]) als "*die Quellen des Nils und des Nigers*" oder in Absatz [48] mit den "*weglosen Paradiesen der unberührten Natur*" meinte.

Schaubild 6: Wisconsin (Pixabay, bearbeitet C.S.)

[50] Die meisten, die ich in den Straßen treffe, sind sozusagen "nach außen gebunden"[181]; sie leben außen und außen[182], gehen und kommen, schauen vor und hinter sich, immer aus[183] der Türe hinaus und in die Luft. Ich würde sie gerne "nach innen gebunden"[184] sehen, sich zurückziehend, jeden Tag weiter und weiter [zurückziehend], und wenn ich mich nach ihnen erkundigte, sollte ich nicht hören, dass sie irgendwo hin außer Landes gegangen

---

[181] Thoreau verwendet hier *"outward bound"*. Man kann es auch als *"nach außen gerichtet"* übersetzen. Doch bedeutet *"bound"* vor allem *"gebunden"*. Meines Erachtens möchte Thoreau ausdrücken, dass die Menschen sich selbst quasi *"anbinden"* und dadurch unfrei werden. Sie *"binden"* sich an andere, an das Außen, statt an sich selbst, an ihr Innerstes. Da dieser Ausdruck im Deutschen ungewöhnlich ist, habe ich Anführungszeichen gesetzt, die im Original nicht vorkommen.

[182] Thoreau schreibt dies tatsächlich.

[183] Im Original: *"all out of"*: Sie tun alles aus etwas heraus.

[184] Siehe Fußnote 181.

wären, nach *Rondout*[185] oder *Sackets Harbor*[186], sondern dass sie sich tiefer in die Falten des Seins zurückgezogen hätten.

[51] England und Frankreich, Spanien und Portugal, Goldküste[187] und Sklavenküste[188], alle stoßen an dieses private Meer, aber keine Bark[189] von ihnen hat sich aus der Sichtweite des Landes gewagt - obwohl es ohne Zweifel der direkte Weg nach Indien ist.[190]

---

[185] Im Original steht "*Rondont*", doch das gibt es nicht. Deshalb nehme ich an, dass es ein Druckfehler war und *Rondout* gemeint ist. Denn beide Orte, *Rondout* und *Sackets Harbor*, gehören zum Bundesstaat New York, was für Henry David Thoreau "*außer Landes*" wäre, da außerhalb von Massachusetts.
Rondout ist ein kleines Dorf auf dem Hudson und ein Hafen. Es gehört heute zum *Rondout–West Strand Historic District*.

[186] *Sackets Harbor* liegt heute im *Jefferson County* im Bundesstaat New York am Ontariosee und hatte ebenfalls, wie *Rondout* (siehe Fußnote zuvor) einen zur Zeit Thoreaus bedeutenden Hafen.

[187] Hier meint Thoreau die *Goldküste* in Afrika, da sie am selben Meer liegt, wie die Sklavenküste - direkt daneben. Die Goldküste war von 1821 bis zu ihrer Unabhängigkeit als Teil der Nation Ghana im Jahr 1957 eine britische Kronkolonie am Golf von Guinea in Westafrika.
Siehe auch Schaubild 12 auf Seite 132.

[188] Als *Sklavenküste* wurde "*der Küstenabschnitt des Golfs von Guinea in Afrika, der sich ungefähr vom Volta-Fluss im Westen bis nach Lagos im heutigen Nigeria erstreckt, oder alternativ das Nigerdelta im Osten (in den heutigen Republiken Togo, Benin und Nigeria)*" genannt. (Britannica Group Inc. o. J.). Siehe auch Schaubild 12 auf Seite132.

[189] Eine *Bark* ist ein kleines Segelschiff mit drei Masten.

[52] Ich würde dann zu meinen vagabundierenden
Landsleuten sagen: Geht nicht in irgendein fremdes
Theater, um Schauspiele zu sehen, sondern bedenkt
zuerst, dass es nichts gibt, was die Augen erfreuen
oder in Erstaunen versetzen kann, was ihr nicht
alles selbst in euch entdecken könnt.[191] Man eilt
vielleicht nach dem südlichen Afrika, um die
Giraffe zu jagen; aber das ist nicht das Wild, hinter
dem man her wäre. Wie lange, bitte schön, würde
ein Mann Giraffen jagen, wenn er könnte? - Was
war der Sinn jener Entdeckungsexpedition mit all
ihrer Parade und ihren Kosten, wenn nicht die
Erkenntnis der Tatsache, dass es Kontinente und
Meere in der moralischen Welt gibt, zu denen jeder
Mensch ein Eingang ist, der noch unerforscht ist;
dass es aber leichter ist, viele tausend Meilen durch
Kälte und Stürme und wilde Kannibalen zu segeln
(in einem Regierungsschiff, mit fünfhundert Männern und Jungen, die für einen steuern und

---

[190] Dies könnte eine Anspielung auf Kolumbus sein, der den
direkten Weg nach Inden suchte, doch letzten Endes in Amerika landete. Den direkten Weg nach Indien zu finden, ist also
eine Anspielung darauf, den "richtigen Weg" zu finden, tatsächlich dort anzukommen, wo man ankommen möchte.

[191] Eigentlich heißt der letzte Teilsatz *"but you may discover it
all in yourselves"* (*"aber ihr könnt es alles in euch selbst entdecken"*), den ich etwas verändert habe, da er im Original keinen Sinn ergibt (im Zusammenhang mit dem vorherigen
Satz).

segeln)[192], als das private Meer, den atlantischen und pazifischen Ozean des eigenen Seins allein zu erforschen.[193]

[53] Erret et extremos alter scrutetur Iberos.
Plus habet hic vitae, plus habet ille viae.[194]
Lassen Sie den anderen wandern und die sonderbaren Australier erforschen.
Der eine hat mehr von Gott, der andere mehr von der Straße.[195]

---

[192] Klammern wurden von mir gesetzt.

[193] Etwas Ähnliches, wie in den vorangegangenen Absätzen [51] und [52], etwas ausführlicher, schreibt Henry David Thoreau in *Walden* (Thoreau und Carew 1854, 343–44), in diesem Buch wiedergegeben im Kapitel "Teil 4: Schluss", Absatz 4. Hier ist die "*US Exploring Expedition*" von 1838 bis 1842 unter der Leitung von Charles Wilkes gemeint, die auch manchmal als "*South-Sea Exploring Expedition*" ("*Südsee-Erkundungsexpedition*") bezeichnet wurde. Sie war die erste US-amerikanische Erkundungs- und Vermessungsexpedition in die Südsee. Sechs Schiffe beförderten 346 Seeleute und Wissenschaftler, die mit der Aufgabe beauftragt waren, detaillierte Karten für die amerikanische Schifffahrtsindustrie bereitzustellen. (U.S. National Park Service 2017).

[194] Diese Zeilen Stammen aus dem Gedicht "*De sene veronesi qui suburbium suum numquam egressus est*" von Claudius Claudianus (Claudianus und Hendry o. J.).
Claudius Claudianus lebte um etwa 400 nach Christus und stammte wahrscheinlich aus Alexandria. Über ihn ist wenig bekannt, doch war er bei mindestens einem Herrscher so beliebt, dass es in Rom eine Statue von ihm gibt.
Meine Übersetzung (ohne Gewähr, ich war nie gut in Latein) ist folgende:
"Er irre umher und erforsche die Hintergründe der Iberer.
Er hat mehr von seinem Leben, er hat mehr der Wege."

[195] Dieser Absatz findet sich auch in *Walden* (Thoreau und Carew 1854, 344), am Ende des Textes in Fußnote 193. Tho-

[Erkenne dich selbst]

[54] Hier sind das Auge und der Nerv gefragt. Nur die Besiegten und Deserteure ziehen in den Krieg - Feiglinge, die weglaufen und sich melden.[196] O ihr Ritter, ihr konntet keinen Zweikampf mit eurem Leben führen, und so habt ihr einen Mann herausgefordert![197]

[55] Ich traf einen reiseerfahrenen Pilger, der alle Sprachen sprechen konnte und sich den Sitten aller Nationen anpasste, der einen Pass in alle Länder trug und in allen Gegenden eingebürgert war, der alle Chimären[198] besiegt und die Sphinx[199] dazu gebracht hatte, ihren Kopf gegen einen Stein zu schlagen, [ich traf den Pilger,] der niemals seine Schritte zurückverfolgte, noch in sein Heimatland zurückkehrte und von dem es hieß, er sei weiter gereist als alle anderen Reisenden. Er trug als Devise auf seinem Schild nur diese Worte - *"Erkenne dich selbst"*[200].

[56] "Richte deinen Blick nach innen, und du wirst
tausend Regionen in deinem Geist finden,
die noch unentdeckt sind. Bereise sie und werde
Experte deiner eigenen Kosmographie.[201]"

---

reau übersetzt hier absichtlich falsch (siehe auch Fußnote 194).

[196] Sie sind Feiglinge, weil sie vor sich selbst wegrennen und lieber in den Krieg ziehen, lieber gegen einen äußeren Feind kämpfen, als sich mit sich selbst auseinanderzusetzen.
Auch dieser Satz findet sich gleichfalls in *Walden*, im an das obige Zitat von Claudius Claudianus anschließenden Absatz.

[57] Die meisten Umwälzungen in der Gesellschaft haben nicht die Stärke, uns zu interessieren, noch weniger zu beunruhigen, aber sagen Sie mir, dass unsere Flüsse austrocknen oder die Gattung Kiefer auf dem Lande ausstirbt, und ich könnte aufmerksam werden[202]. Manche Ereignisse in der Geschichte sind eher bemerkenswert als wichtig,

---

[197] Die gleiche Bedeutung, wie der Satz zuvor: Wer nicht mit sich selbst ringen kann, ringt mit anderen.

[198] *Chimären* sind Wesen, die Teils Mensch, teils Tier sind. Sie sind vor allem in der ägyptischen Mythologie weit verbreitet.

[199] Hier ist wohl die *Sphinx*-Statue in Ägypten gemeint, auch sie ist eine Chimäre. Sie hat den Körper eines Löwen, aber den Kopf einer Frau.

[200] "*Erkenne dich selbst*" ("*Gnôthi seautón*") ist eine Inschrift des Apollotempels in Delphi (Griechenland). Der Grund für diese Aufforderung ist unklar. (siehe auch Fußnote 155 auf Seite 69)

[201] Im Original: "*home-cosmographie*". Die Kosmografie ist die Wissenschaft von der Beschreibung der Erde und des Weltalls. Er ist also Experte darin, sich selbst (*home*) hervorragend zu beschreiben.
Dies ist aus "*To My Honoured Friend Sir Ed. P. Knight*" von William Habington, Henry David Thoreau veränderte es etwas:
"*Direct your eye-sight inward, and you'le find*
A thousand regions in your mind
Yet undiscover'd. Travell them, and be
Expert in home Cosmographie." (Chalmers 1810, 6:468) (Chalmers 1810, 6:468).
Dieser Absatz ist identisch mit Absatz 3 in "Teil 4: Schluss"

[202] Im Original: "*I might attend*" "*Attend*" bedeutet eher "*beiwohnen*" oder "*beachten*". "*Ich könnte dies beachten*" wäre also eine wörtlichere Übersetzung, doch fand ich dies nicht ganz passend. Da "*Attention*" meist mit "*Aufmerksamkeit*" übersetzt wird, hielt ich diese Bedeutung für angebrachter.

wie Sonnenfinsternisse, von denen alle angezogen werden, aber deren Auswirkungen niemand die Mühe auf sich nimmt, zu berechnen.[203] Revolutionen sind nie plötzlich. Das Wichtigste ist gewöhnlich eine stille und unauffällige Tatsache in der Geschichte. Im Jahr 449 kamen drei sächsische Zyulen[204] an der britischen Küste an.[205] *"Three scipen gode comen mid than flode."*[206]

---

[203] Weite Teile dieses Absatzes finden sich auch in "Teil 3: Die Reformer ", Absatz 12.

[204] Im Original: "*cyules*". Warum Henry David Thoreau die Sachsen so nennt, weiß ich nicht. Doch gab es einst den Namen Zyule als deutschen Nachnamen, der auch "Zolver" geschrieben wurde. (Wikipedia 2020a).
Auch könnte das Wort c*yule* "*Schiff*" bedeuten, das selbe Wort, das im Gedicht (siehe Fußnote 206) "*scipen*" heißt.

[205] Dass im Jahre 449 nach Christus die ersten Angel-Sachsen in Großbritannien ankamen, ist eine Schilderung des Benediktinermönchs Venerable Bede aus dem Jahre 779, die allerdings als falsch gilt. (BBC o. J.)

[206] Am 8. September 1841 schrieb Henry David Thoreau diese Zeilen an Mrs Lucy Brown und nannte sie "*ein altes Gedicht*". Der selbe Eintrag findet sich auch in seinem Tagebuch am 27. Dezember 1837 mit dem zusätzlichen Satz: "*Der Pirat an der britischen Küste war ebenso wenig der Gründer des Staates wie die Plage an der deutschen Küste*" (Thoreau 1837).
"*Three scipen gode*
Comen mid than flode
Three hundred cnihten." *(Sanborn 1894).*
Eventuell lautet die Übersetzung des Gedichts:
"*Drei Schiffe mit Goten*
Kamen mit den Fluten
Dreihundert knieten"

[Soll ich entfliehen?]

[58] Den Kranken empfehlen die Ärzte klugerweise einen Luft- und Landschaftswechsel.[207]

[59] Wer kettet mich an diese langweilige Stadt?[208]

[60] In diesem Moment wird mir jede Art von Leben vorgeschlagen, das Menschen irgendwo oder zu irgendeiner Zeit führen - oder das [sich] die Phantasie ausmalen kann. In einem anderen Frühling bin ich vielleicht ein Postbote in Peru oder ein südafrikanischer Pflanzer oder ein sibirischer Exilant oder ein grönländischer Walfänger oder ein Siedler am Columbia River oder ein Kaufmann in

---

[207] Mit diesem Satz beginnt das letzte Kapitel von Walden, hier wiedergegeben im Kapitel "Teil 4: Schluss" auf Seite 119.

[208] Im Original: "*Who chains me to this dull town?*" Es gibt ein altes schottisches Lied mit dem Titel:
"Robin Adair".
Der Text der ersten Strophe ist:
"What's this dull town to me?
Robin's not near.
He whom I wished to see,
Wished for to hear;
Where's all the joy and mirth
Made life a heaven on earth?
O! they're all fled with thee,
Robin Adair." (Grigg 1829).
"Was geht mich diese langweilige Stadt an?
Robin ist nicht in der Nähe.
Er, den ich zu sehen wünschte,
Den ich zu hören wünschte;
Wohin sind all die Freude und Heiterkeit,
Die das Leben zu einem Himmel auf Erden machten?
Oh, sie sind alle mit dir geflohen,
Robin Adair."

Canton[209] oder ein Soldat in Mexiko oder ein Makrelenfischer vor Kap Sable[210] oder ein Robinson Crusoe[211] im Pazifik oder ein stiller Seemann auf irgendeinem Meer.

[61] Wie viele [Menschen] stehen nicht [gerade] an der europäischen Küste, die man in einem anderen Frühling auf dem Wisconsin oder dem Sacramento[212] finden wird![213]

[62] Ich kann mich von der öffentlichen Meinung, von der Regierung, von der Religion, von der Erziehung, von der Gesellschaft entfernen. Soll ich in der Grafschaft Middlesex[214] als steuerpflichtig gelten, oder unter den Palmen von Guinea mit einem Speer [in der Hand] bewertet werden? Soll ich Mais und

---

[209] Hier ist wahrscheinlich die Stadt *Canton* in Massachusetts gemeint, in welcher Henry David Thoreau einst Lehrer war.

[210] Cap Sable ist der südlichste Punkt Floridas

[211] *Robinson Crusoe* ist ein Schiffbrüchiger aus dem Roman "Robinson Crusoe" von Daniel Defoe, der 1719 erstmals erschien (Daniel Defoe 1805). Er landet allein auf einer Insel, wo er noch eine weitere Person antrifft, einen jungen Mann, den er "Freitag" nennt.

[212] Hier sind der Wisconsin-River und Sacramento-River, zwei Flüsse, gemeint.

[213] Im Original heißt er: "*How many are not standing on the European coast whom another spring will find located on the Wisconsin or the Sacramento!*". Eigentlich findet der Frühling sie am Wisconsin oder Sacramento wieder, doch das klingt seltsam.

[214] *Middlesex* war eine Grafschaft im Südosten Englands, ihre größte Stadt war London. Heute (seit 1965) ist London selbstständig und das Gebiet darum herum wird "Greater London" genannt.

Kartoffeln in Massachusetts anbauen oder Feigen und Oliven in Kleinasien? Den Tag in meinem Büro in der State Street[215] aussitzen oder ihn in der Steppe der Tartarei[216] ausreiten? Für mein Brobdingnag[217] segle ich vielleicht nach Patagonien[218], für mein Lilliput[219] nach Lappland. In Arabien und Persien übertreffen meine Abenteuer vielleicht die Unterhaltungen aus Tausendundeiner Nacht[220]. Ich mag ein Holzfäller auf dem Oberwasser des Penobscot[221] sein, um später als amphibischer Flussgott

---

[215] Hier ist die State Street in Boston gemeint. Henry David Thoreau hielt sich manchmal dort auf, um Verleger und andere zu treffen, dabei schrieb er auch das eine oder andere Essay. Es war nicht ein Büro, im engeren Sinne, sondern ein Zimmer, das er gemietet hatte.

[216] *Tartarei*: Heimat der Tartaren. Sie entspricht zu einem großen Teil der ehemaligen Sowjetunion (vor allem Russland) und der Mongolei.

[217] *Brobdingnag* ist ein fiktives Land aus "Gullivers Reisen", einem Roman von Jonathan Swift.

[218] Als *Patagonien* wurde der fast südlichste Zipfel Südamerikas bezeichnet. Der südlichste ist Feuerland. Siehe auch Fußnote 93, Seite 47.

[219] *Lilliput* ist eine fiktive Insel aus "Gullivers Reisen", einem Roman von Jonathan Swift.

[220] *Tausendundeine Nacht* ist tatsächlich uralt. Man kann die Schrift bis ins Jahr 500 nach Christus zurückverfolgen. Die erste "europäische" Übersetzung entstand ab 1704 durch Antoine Galland (französisch). Dieser erfand Geschichten dazu, wie "*Aladins Wunderlampe*" und "*Alibaba und die vierzig Räuber*", die nicht zu dieser Schrift gehören. Die erste englische Version erschien 1838 - 1840 und überarbeitet 1859, übersetzt von Edward William Lane.

[221] Der *Penobscot* ist ein Fluss in der nordwestlichsten USA, heute in Maine.

mit einem so klingenden Namen wie Triton[222] oder Proteus[223] in die Fabel einzugehen - Pelze von Nootka[224] nach China tragen und so [werde ich] berühmter sein als Jason und sein Goldenes Vlies[225], oder mich einer Südsee-Entdeckungsexpedition anschließen, von der später zusammen mit dem Periplus von Hanno[226] erzählt wird.

---

[222] *Triton*: Ein griechischer Meeresgott, Sohn des Poseidon.

[223] *Proteus*: Ein griechischer Meeresgott, von welchem wenig bekannt ist. Er hütete die Robben Poseidons.

[224] Hier ist das Gebiet der *Nootka* gemeint, eines Indianerstammes, der an der Westküste Kanadas lebt, vor allem auf Vancouver-Island.

[225] *Jason und das goldene Vlies* ist eine Geschichte aus der griechischen Mythologie:
Der Halbgott Pelias war machthungrig und versuchte, die Herrschaft über ganz Thessalien zu erlangen. Dafür tötete er den mächtigen König Äson von Iolkos, einer Stadt in Thessalien. Um weitere Ansprüche auf den Thron zu verhindern, wollte er auch seinen Sohn Jason töten. Äsons Frau Alkimede schaffte es jedoch Jason zu retten, indem sie die weiblichen Bediensteten sich um den Säugling scharen und weinen ließ, als sei er ein Totgeborener. Aus Angst, dass Pelias ihren Sohn irgendwann bemerken und töten würde, schickte Alkimede ihn weg, um ihn von dem Zentauren Chiron aufziehen zu lassen.
Viele Jahre später hielt Pelias Spiele zu Ehren des Poseidon ab, als der erwachsene Jason in Iolkos ankam. Jason wusste, dass er der rechtmäßige König war, und teilte dies Pelias mit. Pelias antwortete: "Um meinen Thron zu besteigen musst du dich auf die Suche nach dem Goldenen Vlies machen." Und so begab sich Jason mit mehreren Männern auf dem Schiff Argo (weshalb seine Männer "Argonauten" genannt wurden) auf die Suche nach dem goldenen Vlies. Auf der Suche musste er viele Gefahren bestehen. Am Ende bekam Jason das Vlies und eine Frau (Medea), doch aus den Thron wurde

[63] Und wie viele Dinge kann ich noch tun, mit denen es nichts zu vergleichen gibt!

[64] Dem Himmel sei Dank ist hier nicht die ganze Welt. Der Bockshornklee[227] wächst nicht in Neuengland, und die Spottdrossel[228] ist hier selten zu hören. Warum sollte ich gegenüber dem Sommer und den Wanderungen der Vögel ins Hintertreffen geraten? Sollen wir nicht mit dem Büffel[229] konkurrieren, der mit den Jahreszeiten Schritt hält und das

---

nichts. Jason beging irgendwann Selbstmord. Medea wurde die Frau eines anderen Königs und damit endete die Geschichte.

[226] Der *Periplus von Hanno* (= Die Segelfahrt des Hanno) ist ein griechischer Text mit nur 100 Zeilen. Er erzählt die Reise eines Seefahrers um etwa 450 vor Christus entlang der Westküste von Afrika. Man nimmt an, dass es eine tatsächlich stattgefundene Reise war, also keine Geschichte, sondern eher ein Bericht (Hair 1987).

[227] Der *Bockshornklee* ist fast über die gesamte Welt verbreitet, nur nicht in Amerika. Es gibt ihn in Europa, Afrika, den Nahen Osten, Indien, China und Australien.

[228] Der englische Name der *Spottdrossel* ist "*Mocking Bird*". Spottdrosseln sind bekannt für die Angewohnheit, den Gesang anderer Vögel und die Geräusche von Insekten und Amphibien zu imitieren, so wie dafür, spät in der Nacht zu singen, sogar nach Mitternacht. Es gibt etwa 17 Arten in zwei Gattungen. Obwohl sich ihre Verbreitung von Kanada bis Mexiko und in die Karibik erstreckt, ist die einzige in Nordamerika vorkommende Spottdrossel die Nördliche Spottdrossel.

[229] Henry David Thoreau verwendet hier "*buffalo*", was "*Büffel*" bedeutet, aber auch als "*amerikanischer Bison*" übersetzt werden kann. Bisons wurden meist *buffalo* genannt, weshalb der berühmteste Töter von Bisons auch den Namen *Buffalo Bill* (*Büffel Bill*) erhielt.

Weideland des Colorado[230] abgrast, bis ihn am Yellowstone[231] ein grüneres und süßeres Gras erwartet? Die Wildgans ist ein größerer Kosmopolit als wir - sie bricht ihr Fasten in Kanada, nimmt ihr Mittagessen am Susquehanna[232] ein und legt sich für die Nacht in einem Bayou[233] in Louisiana nieder. Die Taube trägt eine Eichel in ihrem Kropf[234] vom König von Holland bis zur Mason-und-Dixon-Linie[235]. Doch wir denken, wenn die Zäune abgerissen und Steinmauern auf unseren Farmen errichtet werden, sind unserem Leben fortan Grenzen gesetzt

---

[230] Der *Colorado* ist der größte und wichtigste Fluss im Südwesten der USA.

[231] Der *Yellowstone River* fließt nördlich von Nebraska, aus den Rocky Mountains kommend, fast an der Grenze zu Kanada. Damals war das Niemandsland.

[232] Der *Susquehanna* ist der längste Fluss an der Ostküste der USA. Er ist 715 km lang. Seine Quellen liegen im Staat New York und in Pennsylvania. Er mündet in der Chesapeake Bay zwischen Virginia und Maryland in den Atlantik.

[233] Als *Bayou* werden die stehenden Gewässer und Sümpfe Louisianas bezeichnet.

[234] Tauben essen zwar Körner und Eicheln, können diese aber nicht zerkauen oder verdauen. Sie lagern sie in ihrem Kropf, einer Ausbuchtung der Speiseröhre, in der sie auch Wasser sammeln können. So können die Samen erst einmal quellen und werden weich. Dann erst wandern sie in den Magen. Je nach Art des Samens, kann dieser viele Stunden im Kropf bleiben. Dieses System ist auch eine gute Möglichkeit, Nahrung für unterwegs, einen längeren Flug, mitzunehmen.

[235] "*Die Mason-Dixon-Linie, benannt nach dem Astronomen Charles Mason und dem Geodäten Jeremiah Dixon, bildet die historische Grenze zwischen den Nord- und den Südstaaten der USA. Sie verläuft im Wesentlichen in Ost-West-Richtung auf 39°43'20" nördlicher Breite.*" (Wikipedia 2021b))

und unser Schicksal entschieden. Wenn du zum Stadtschreiber gewählt wirst, kannst du diesen Sommer nicht nach Feuerland fahren.

[65] Aber worauf würden all diese Aktivitäten hinauslaufen?

> *[66] Gänslich gänslich[236] Gänserich,*
> *wo soll ich hin?*
> *Die Treppe hinauf, die Treppe hinunter,*
> *ins Zimmer einer Dame?* [237]

[67] Sollen wir uns nicht die Beine vertreten? Warum sollen wir diesseits des Sonnenuntergangs pausieren? Wir werden dann nicht weiter Einwanderer in unser eigenes Heimatland sein. Machen wir uns jetzt auf, auf den weitesten westlichen Weg, der weder am Mississippi noch am Pazifik Halt macht, und drängen wir weiter durch Tag und Nacht, die Sonne hinunter, den Mond hinunter, die Sterne hinunter, und zuletzt auch die Erde hinunter.[238]

---

[236] Im Original: "*goosey*", was etwa "*gänseähnlich*" bedeutet. Ich habe "*gänslich*" daraus gemacht, weil es sich dann besser lesen lässt und etwas den Gedichtscharakter behält.

[237] Dies ist ein alter Kinderreim. Das Wort "*goosey*" findet sich in anderen Versionen des Gedichts als "*goose*". Dann heißt der erste Satz: "*A goose a goose a gander*" (Wikipedia 2021e).

[238] Dies ist ein Wortspiel: "*sun down, moon down, stars down, and at last earth down too.*" "*Down*" heißt im Zusammenhang mit "*gehen*" (was hier suggeriert wird), "[eine Straße] *hinunter* [gehen]" oder "[eine Straße] *entlang* [gehen]". Doch bedeutet "*down*" auch "*bezwingen*" oder "*zu Fall bringen*". "*Sun down*" ist also auch ein Bezwingen oder Zu-Fall-Bringen der Sonne. Thoreau geht sie alle nicht nur entlang, er reißt sie auch nieder.

Schaubild 7: Bison (Pixabay, bearbeitet von C.S.)

Teil 3: Die Reformer

[Originaltitel: Monday (Auszug)]

[Zeitalter]

[1] Es gibt tatsächlich Gezeiten in den Angelegenheiten der Menschen, wie der Dichter sagt[239], und so
wie Dinge fließen, so zirkulieren sie, und die Ebbe
gleicht die Flut immer aus. Alle Ströme sind nur
Zuflüsse des Ozeans, der selbst nicht fließt, und die

---

[239] Im Original heißt der erste Satz:

*"There is, indeed, a tide in the affairs of men, as the poet
says, and yet as things flow they circulate, and the ebb
always balances the flow."*

"There is a tide in the affairs of men" ist ein Zitat aus William
Shakespeares *Julius Caesar*, Akt 4, Szene 3, Zeile 216
(Shakespeare o. J.).

"BRUTUS:

There is a tide in the affairs of men.
Which, taken at the flood, leads on to fortune;
Omitted, all the voyage of their life
Is bound in shallows and in miseries.
On such a full sea are we now afloat,
And we must take the current when it serves,
Or lose our ventures."

"BRUTUS:

Es gibt Gezeiten in den Angelegenheiten der Menschen.
Die, zur Zeit der Flut wahrgenommen, zum Glück führen;
*[Wird sie, die Flut,] versäumt, ist die ganze Reise ihres
Lebens*
An Untiefen und Elend gebunden.
Auf solch einem Meer schwimmen wir jetzt,
*Und wir müssen die Strömung nehmen, wenn sie sich uns
anbietet,*
Oder [wir] verlieren unsere Chancen."

Ufer sind unverändert, aber in längeren Zeiträumen, als der Mensch messen kann. Wohin wir [auch immer] gehen werden, wir entdecken unbegrenzt Veränderungen nur im Besonderen, nicht im Allgemeinen. Wenn ich in ein Museum gehe und die Mumien in ihre Binden aus Leinen gewickelt sehe, sehe ich, dass das Leben der Menschen schon begann Reformen zu benötigen, als Menschen begannen auf der Erde zu wandeln. Ich gehe auf die Straße und treffe Männer, die erklären, dass die Zeit für die Erlösung der Menschheit[240] nahe ist. Aber wie die Menschen in Theben[241] lebten, so leben sie heute auch in Dunstable[242]. *"Die Zeit trinkt die Essenz jeder großen und edlen Handlung, die [eigentlich] ausgeführt werden sollte, doch[243] in der*

---

[240] Im Original eigentlich *"race"*, doch dies könnte zu falschen Annahmen führen. Henry David Thoreau war kein Rassist. Die verschiedenen Rassen, das sind Menschen und Tiere. Die *"minderwertigen Rassen"*, das sind die Tiere.

[241] *Theben* war einerseits eine Stadt am Nil in Ägypten. In ihrer Nähe befindet sich unter anderem der Luxor-Tempel und das Tal der Könige.
Theben war aber auch eine Stadt im alten Griechenland, die von Homer als "Die Stadt der sieben Tore" bezeichnet wurde und in vielen Mythen der griechischen Götter eine wichtige Rolle spielt. Wahrscheinlich ist eher dieses Theben (in Griechenland) gemeint, da Thoreau ein großer Fan von Homer und den griechischen Sagen war.

[242] *Dunstable* ist ein Dorf in der Nähe von Concord in Massachusetts (etwa 18 Meilen entfernt). Als Henry David Thoreau den vorliegende Text verfasste, hatte es etwa 500 Einwohner (Wikipedia 2021f), wobei Concord bereits über 2200 Einwohner hatte (Wikipedia 2021i).

[243] Im Original *"and"*, was jedoch etwas verwirrt.

Ausführung verzögert wird."[244] Das sagt Vishnu Sharma[245]; und wir nehmen wahr, dass die Pläneschmieder immer wieder zu den allgemeinen Ansichten[246] und den üblichen Arbeiten zurückkehren. So bewahrheitet sich Geschichte.

---

[244] Im Original heißt der Text:

"Time drinketh up the essence of every great and noble action, which ought to be performed, and is delayed in the execution".

Dieses Zitat ist aus der Hitopadesha (Vishnusarma 1830, 271), woraus Henry David Thoreau häufiger zitiert.

Auch Ralph Waldo Emerson (seinem Freund) gefiel dieses Zitat wohl sehr gut und er verwendete es später, 1862, in einem Artikel in der Zeitschrift *"The Atlantic"* (Emerson 1862):

"But this measure, to be effectual, must come speedily. The weapon is slipping out of our hands. 'Time,' say the Indian Scriptures, 'drinketh up the essence of every great and noble action which ought to be performed, and which is delayed in the execution.'"

"Aber diese Maßnahme muss, um wirksam zu sein, schnell erfolgen. Die Waffe gleitet uns aus den Händen. 'Die Zeit', so sagen die indischen Schriften, 'trinkt die Essenz aus jeder großen und edlen Tat [heraus], die ausgeführt werden sollte, und die in der Ausführung verzögert wird.'"

[245] *Vishnu Sharma* war ein indischer Gelehrter und Autor. Im 19. Jahrhundert hielt man ihn für den Autor der *Hitopadesha*, doch nimmt man heute an, es war *Narayan Pandit*. Wann Vishnu Sharma genau lebte, weiß man nicht. Vishnu Sharma schrieb jedoch das *Panchatantra*, das als eines der wichtigsten nicht-religiösen Bücher der Geschichte gilt. Auch das Panchatantra ist, wie die Hitopadesha, eine Sammlung von Fabeln.

[246] Im Original: *"common sense"*, was Henry David Thoreau wörtlich meint. Der *"common sense"* ist der gemeinschaftli-

[2] "Doch ich bezweifle nicht, dass ein höherer[247]
Zweck durch die Zeitalter läuft
Und die Gedanken der Menschen durch den Verlauf
der Sonnen erweitert werden."[248]

[3] In unseren Übereinkommen mit den Göttern gibt
es geheime Artikel, die wichtiger sind als alle anderen, die der Historiker nie erfahren wird.

[4] Es gibt viele geschickte Lehrlinge, aber wenige
Handwerksmeister. Überall beobachten wir eine
wahrhaft kluge Anwendung, in der Bildung, in der
Moral und in den Lebenskünsten, die verkörperte
Weisheit vieler alter Philosophen. Wer sieht nicht,
dass ketzerische Lehren[249] schon seit einiger Zeit
überwiegen, dass Reformen bereits stattgefunden
haben? All diese weltliche Weisheit könnte für die

---

che Sinn, das, was alle für richtig halten, oder die Ansicht,
die alle teilen. In diesem Satz spricht er auch von der "*common labor*", also der üblichen oder gemeinsamen Arbeit.
Der "*Abweichler*" oder "*Pläneschmid*" schließt sich letztend-
lich doch wieder der allgemeinen Ansicht an und arbeitet wie
alle mit.

[247] Eigentlich ist es ein *anwachsender* oder *zunehmender* Zweck
im Original. Wahrscheinlich ist hier gemeint, dass die Menschen mit jedem Zeitalter zu immer Höherem berufen sind.

[248] Im Original:
"*Yet I doubt not through the ages one increasing purpose
runs,*
*And the thoughts of men are widened with the process of the
Suns.*"
Dies ist ein Auszug aus einem Gedicht von Lord Tennyson
Alfred mit dem Titel "*Locksley Hall*" (Alfred Lord Tennyson
1902, 176).

[249] *Ketzerische Lehren* oder *Häresien* sind Lehren, die etwas
anderes lehren, als die christliche Kirche.

einst unliebenswürdige Ketzerei einiger weiser Menschen[250] gehalten werden. Manche Interessen haben eine Basis[251], die wir nicht ausreichend berücksichtigt haben. Sogar diejenigen, die diese Scheunen zuerst gebaut und das Land gerodet haben, hatten einigen Wagemut. Die unerwartet abgebrochenen Epochen und Risse [in der Geschichte] werden in der geschichtlichen Erzählung geglättet, während die Ungleichheiten der Ebene durch die Distanz kaschiert werden. Aber wenn wir nicht mehr, als nur das Handwerk unserer Zeit erlernen, sind wir nichts als Lehrlinge und noch keine Meister der Lebenskunst.

[Lästige Reformer]

[Anmerkung: Während Henry David Thoreau diesen Text schreibt, schwimmt er in einen Boot zusammen mit seinem Bruder auf dem Concord oder Merrimack (zwei Flüssen). Nebenbei isst er eine Melone.]

[5] Wie können wir jetzt, wo wir diese Melonenkerne wegwerfen, Vorwürfe vermeiden? Wer die Frucht isst, sollte wenigstens die Samen pflanzen; ja, wenn möglich, eine bessere Saat[252] als die, deren Frucht er genossen hat. Samen! Es gibt genügend

---

[250] Eigentlich im Original: "*some wise man*". Könnte dies ein Druckfehler sein?

[251] Mit dieser Übersetzung bin ich nicht so glücklich, auch wenn sie richtig ist. Im Original ist es "*have got a footing on the earth*". Da Henry David Thoreau sehr naturverbunden ist, hätte ich gerne diese Naturverbundenheit mit in der Übersetzung gehabt, doch mir viel nichts ein, das gut klingt.

[252] Thoreau verwendet durchgehend "*seed*", was "*Samen*" oder auch "*Saat*" heißen kann.

Samen, die nur dort, wo sie liegen, mit einer anregenden Stimme oder Feder in das Erdreich bewegt
werden müssen, um Früchte mit einen göttlichen
Geschmack hervorzubringen[253]. O du Verschwen-
der! Bezahle deine Schuld an der Welt; Iss nicht den
Samen von Institutionen, wie es die Luxusbesitzer
tun, sondern pflanze ihn vielmehr ein, während du
das Fruchtfleisch und die Knollen für deinen
Lebenserhalt[254] verschlingst; damit, möglicher-
weise, vielleicht schließlich eine erhaltenswerte
Sorte gefunden wird.

[6] Es ist eine große Freude, dieser rastlosen Klasse
der Reformer manchmal zu entfliehen. Was, wenn
diese Beschwerden bestehen? [Wenn] Ihr und ich

---

[253] In sein Tagebuch schrieb Henry David Thoreau am 13. Juli
1838:
*"What a hero one can be without moving a finger! The world
is not a field worthy of us, nor can we be satisfied with the
plains of Troy. A glorious strife seems waging within us, yet
so noiselessly that we but just catch the sound of the clarion
ringing of victory, borne to us on the breeze. There are in
each the seeds of a heroic ardor, which need only to be
stirred in with the soil where they lie, by an inspired voice or
pen, to bear fruit of a divine flavor."* (Thoreau und Torrey
1906, 1, 1837–1846:52).
*"Ein glorreicher Kampf scheint in uns zu toben, doch so
geräuschlos, dass wir nur den Klang des Signalhorns wahr-
nehmen, das den Sieg verkündet, welcher von der Brise zu
uns getragen wird. In jedem [von uns] stecken die Samen
einer heldenhaften Begeisterung, die nur dort, wo sie liegen,
mit einer anregenden Stimme oder Feder in das Erdreich
bewegt werden müssen, um Früchte mit einen göttlichen
Geschmack hervorzubringen."*

[254] Eigentlich: *"subsistence"*, was meist mit *"Lebensunterhalt"*,
"Dasein", *"Existenz"* übersetzt wird.

auch [weiterhin davon geplagt werden?].[255] Glaubt ihr, dass sitzende Hennen an diesen langen Sommertagen vor Langeweile geplagt werden, wenn sie ohne aktive Beschäftigung immer wieder in der Spalte eines Heubodens sitzen? Nach dem leisen Gackern in fernen Scheunen urteile ich, dass Madame Natur noch immer daran interessiert ist zu wissen, wie viele Eier ihre Hennen legen. Die Universelle Seele[256], wie sie genannt wird, hat ein Interesse am Heustapeln, der Viehfütterung und der Trockenlegung von Torfwiesen. [Weit] Weg in Skythen[257], [weit] weg in Indien, macht sie Butter und Käse. Angenommen, alle Bauernhöfe sind verfallen, und wir Jungen müssen altes Land kaufen und es

---

[255] Diese zwei Sätze sind sehr uneindeutig. Sie lauten im Original:

"What if these grievances exist? So do you and I."

Dieses "*do*" = "*tun*", auf was bezieht es sich? Was tun wir auch? Existieren? Doch das tun wir ja eh. Also habe ich angenommen, dass es sich auch das *Leiden* ("*grievances*") bezieht, oder vielleicht auf das Entfliehen von den Reformern (im ersten Satz des Absatzes)? Durch meine Erweiterung macht es zumindest etwas Sinn. Dennoch: Unter was leidet Thoreau? Ist das Reformieren ein Leiden, das Verändernwollen, oder nur das Bedrängtwerden durch die Reformer?

[256] Die "*Universal Soul*" bezeichnet im Hinduismus *Brahman* "*die unveränderliche, unendliche, immanente und transzendente Realität, welche den ewigen Urgrund von allem darstellt, was ist*" (Wikipedia 2021a). Im Singen der Silbe *Om* erscheint Brahman als das ewige und spirituelle Prinzip, das das Universum durchdringt (Collins English Dictionary o. J.).

[257] "*Als* Skythen *werden einige der Reiternomadenvölker bezeichnet, die ab etwa dem 8./7. Jahrhundert v. Chr. die [...] Steppen nördlich des Schwarzen Meeres im heutigen Südrussland und der Ukraine [...] besiedelten.*" (Wikipedia 2021g).

bewirtschaften, [und] immer noch haben überall die unerbittlichen Gegner der Reform eine seltsame Ähnlichkeit mit uns; oder sie sind, vielleicht, ein paar alte Jungfern und Junggesellen, die um den Küchenherd sitzen und dem Gesang des Kessels lauschen. *"Die Orakel überlassen oft den Sieg unserer Wahl und nicht nur dem Befehl der irdischen Zeitalter. Zum Beispiel, wenn sie sagen, dass unsere selbst gewählten Sorgen in uns aufkeimen als die Vegetation des besonderen Lebens, das wir führen."*[258] Die Reform, von der ihr sprecht, kann jeden Morgen durchgeführt werden, bevor unsere Türen geöffnet werden. Wir müssen [dazu] keine Versammlung einberufen. Wenn zwei Nachbarn, die zuvor Brot aus Weizen gegessen haben, beginnen Maisbrot zu essen, dann lächeln die Götter von Ohr zu Ohr, denn es ist ihnen sehr angenehm. Warum probierst du es nicht? Lass dich nicht von mir aufhalten.

---

[258] Zu Henry David Thoreaus Zeiten gab es mindestens zwei Übersetzungen der *"Chaldaick/Chaldean Oracles"* (Stanley 1661; Taylor 1817). Henry David Thoreau zitiert hier aus der Ausgabe von Thomas Taylor (1817), die er etwas kürzt. Wörtlich heißt es dort:
"The oracles often give the victory to our own choice, and not to the order alone of the mundane periods. As for instance, when they say, 'On beholding yourself, fear.' And again, 'Believe yourself to be above body and you are.' And still further, where they assert, 'That our voluntary sorrows germinate in us as the growth of the particular life which we lead.'"

[7] Es gibt immer und überall auf der Welt theoreti-
sche Reformer, die von Vorfreude leben. Wolff[259],
der durch die Wüsten von Buchara[260] reist, sagt:
*"Eine andere Gruppe von Derwischen[261] kam zu mir
und beobachtete: 'Die Zeit wird kommen, in der es
keinen Unterschied mehr zwischen reich und arm,
zwischen hoch und niedrig geben wird, wenn das
Eigentum, [ja] sogar Frauen und Kinder, gemeinsam sein wird.'"[262]* Aber ewig frage ich solche: Was
dann? Die Derwische in den Wüsten von Buchara
und die Reformer in der Marlboro-Kapelle[263] singen

---

[259] *Reverend Joseph Wolff* war ein Missionar aus Bamberg in
Deutschland. Er bereiste fast die ganze Welt und wird deshalb
manchmal als "Der Missionar der Welt" bezeichnet.

[260] Hier ist das *Emirat Buchara* gemeint, das von 1785 bis 1920
etwa die heutigen Länder Usbekistan, Tadschikistan, Turkme-
nistan und Kasachstan umfasste.

[261] *Derwische* sind muslimische Bettelmönche, Anhänger des
Sufismus, der oft auch Mystizismus genannt wird. Ihre
Anhänger werden als Sufisten oder Mystiker bezeichnet. Da
Musik für sie etwas Göttliches ist, ist Tanz eine wichtige Aus-
drucksform und die "tanzenden Derwische" sind berühmt
geworden. Es gibt übrigens sowohl Frauen als auch Männer
als große Lehrer unter den Sufisten.

[262] Dies ist ein Zitat aus *Narrative of a mission to Bokhara, in
the years 1843-1845, to ascertain the fate of Colonel Stoddart and Captain Conolly* von Joseph Wolff (Wolff 1845, 134).

[263] In der *Marlboro-Kapelle* in Boston wurde am 26. Februar
1846 eine *"Anti-Sklaverei-Erklärung"* (*"The declaration and
pledge against slavery"*) der *Religious Anti-Slavery Convention* verfasst und veröffentlicht. In ihr heißt es:
*"Die Unterzeichnenden, Geistliche und Kirchenmitglieder in
Massachusetts, tief geprägt von der Überzeugung, dass das
richtig verkündete Evangelium die große Charta der menschlichen Freiheit und Gleichberechtigung ist, und tief betrübt
über die Tatsache, dass die Sklaverei seit siebzig Jahren unter*

dasselbe Lied. *"Es kommt eine gute Zeit, Jungs[264]"*, aber, fragte einer der Zuschauer in gutem Glauben: *"Können Sie das Datum festlegen?"* Sagte ich: *"Werden Sie ihnen helfen?"*

---

der derzeitigen Handhabung des Evangeliums in diesem Land zugenommen und sich stark gefestigt hat, können es nur als eine feierliche christliche Pflicht betrachten, die Ursache dieser Diskrepanz zu suchen und alles in unserer Macht Stehende für ihre Beseitigung zu tun. Wir laden daher die Mitglieder aller Konfessionen in diesem Staatenbund, die ein Interesse an diesem Thema haben, respektvoll ein, sich zu einem Konvent zu versammeln, um gemeinsam zu beten und sich brüderlich über unsere Pflicht in dieser Angelegenheit zu beraten. Der Konvent wird am Donnerstag, den 26. Februar, in der Marlboro'-Kapelle in Boston stattfinden." [...]
"In dieser generellen Stimmung fühlen wir uns jetzt aufgerufen, gottesfürchtig und im demütigen Vertrauen auf seine Hilfe, uns gegenseitig, [und] unseren versklavten Brüdern, unserem Land und Gott gegenüber zu versprechen, dass wir aktive und beharrlich Anstrengungen unternehmen werden, [und] die rasche und friedliche Abschaffung der Sklaverei zu einem besonders wichtigen Teil unserer religiösen Pflicht machen werden; dass wir dafür jedes Mittel einsetzen und jedes Opfer auf uns nehmen werden, das die Weisheit vorschreibt und die Religion billigt." (Religious Anti-Slavery Convention 1846).

[264] Im englischen Original heißt es:
"There's a good time coming, boys"
Dies ist die erste Zeile eines Gedichts mit dem selben Namen (*"The Good Time Coming"*) von Charles Mackay (Mackay o. J.). Es wurde von Stephen Collins Foster, wie auch von Henry Russell vertont (Mackay und Russell o. J.; Foster 1846).
Die erste Strophe lautet:

Schaubild 8: There's a good time coming. By Charles Mackay, Music by Henry Russell. J. Andrews, Publisher, 38 Chatham St., New York. Monographic. Online Text. https://www.loc.gov/item/amss.as113560/.

"There's a good time coming, boys.
A good time coming:
We may not live to see the day,
But earth shall glisten in the ray
Of the good time coming.
Cannon-balls may aid the truth,
But thought's a weapon stronger;
We 'll win our battle by its aid;—
Wait a little longer."
"Es kommt eine gute Zeit, Jungs.
Es kommt eine gute Zeit:
Wir werden den Tag vielleicht nicht mehr erleben,
Aber die Erde wird in Sonnenstrahlen glänzen
In der kommenden guten Zeit.
Kanonenkugeln können der Wahrheit helfen,
Aber das Denken ist eine stärkere Waffe;
Wir werden unsere Schlacht mit seiner Hilfe gewinnen;—
Warte ein wenig länger."

[Lässigkeit und Erregtheit]

[8] Die Lässigkeit und die Dolce-Far-Niente[265]-Atmosphäre von Natur und Gesellschaft deuten auf unendliche Epochen im Fortschritt der Menschheit hin. Die Staaten haben [genügend] Freizeit, von Maine bis Texas, um über irgendeinen Zeitungswitz zu lachen, und Neuengland[266] zittert über die Doppeldeutigkeit australischer Kreise[267], während der arme Reformer kein Gehör findet.

[9] Die Menschen scheitern gewöhnlich nicht aus Mangel an Wissen, sondern aus Mangel an Vernunft daran, der Weisheit den Vorzug zu geben. Was wir in einer [bestimmten] Situation wissen müssen, ist ganz einfach. Es ist aber zu einfach, eine andere dauerhafte und harmonische Routine zu etablieren. Sofort willigen alle Teile der Natur ein. Machen Sie nur etwas, um etwas [anderes] zu ersetzen, und die Menschen werden sich so verhalten, als ob es genau das wäre, was sie wollten. Sie [glauben, sie] müssen sich auf jeden Fall benehmen und werden jeden Stoff anpassen[268]. Es gibt immer ein gegenwärtiges und ein noch erhaltenes Leben, sei es nun besser

---

[265] "Dolce-Far-Niente" (italienisch) = "süßes Nichtstun" oder "süß ists, nichts zu tun", "Genieße die Zeit und lasse deine Gedanken die Oberhand gewinnen".

[266] Zu Neuengland gehörten zu Zeiten Thoreaus die Staaten Massachusetts, Connecticut, Rhode Island, New Hampshire, Vermont, Maine. Siehe auch Schaubild 1 auf Seite 10.

[267] In Australien wurden Steinkreise beim Mount Elephant entdeckt, ähnlich den hier bei uns bekannten in Stonehenge, doch deutlich kleiner. Hiervon wurde 1847 und 1854 berichtet (Russell und McNiven 1998; O'Brien 2019).

oder schlechter, die alle miteinander verknüpfen, um [beide] aufrechtzuerhalten[269]. Wir sollten langsam mit dem Reparieren sein, meine Freunde, und langsam damit, Reparaturen zu fordern, [um] *"nicht, gemäß dem Orakel,* [auch nur] *einen transzendenten Fuß vorwärts zu stürzen in Richtung Frömmigkeit"*[270] Die Sprache der Erregtheit ist bestenfalls lediglich malerisch. Man muss besonnen sein, bevor man einen Orakelspruch äußern kann. Was war die Erregtheit der delphischen Priesterin[271] im Vergleich zur besonnenen Weisheit des Sokra-

---

[268] Eigentlich steht im Original *"to work up"*, was meist mit *"aufbereiten"*, *"verarbeiten"* oder *"ausarbeiten"* übersetzt wird. Das Ziel der Ausarbeitung ist aber, dass der Stoff (im weitesten Sinne) zu den neuen Umständen passt, was im Text nicht explizit steht, wodurch die wörtliche Übersetzung seltsam klingt.

[269] Dieser Satz ist etwas schwierig ins Deutsche zu übersetzen. Thoreau spricht von einem *"present and extant life"*. Das ist das jetzt, in diesem Augenblick (*present*) existierende Leben und das Leben, das schon länger existiert und bis jetzt überlebt hat (*extant*). Das eine Leben, gibt es nur im Hier und Jetzt und das andere hat eine Geschichte, eine Vergangenheit und eine Zukunft.

[270] Im Original lautet der Satz:
"Not hurling, according to the oracle, a transcendent foot towards piety."
Auch dieser Satz ist aus dem *Chaldaen Oracles* (Taylor 1817, 154). Siehe auch Fußnote 258.

[271] Das *Orakel von Delphi* war eine Priesterin des Apollo. Mit *"Erregtheit"* könnte die *"Besessenheit"* der Priesterin gemeint sein. Wenn sie weissagte (ein Orakel sprach), so nahm der Gott Apollo (siehe Fußnote 155 auf Seite 69) von ihrem Körper Besitz und sprach durch sie.

tes? – oder wer auch immer es war, der weise war[272]. – Begeisterung ist eine übernatürliche Gelassenheit.

[10] *"Die Menschen finden, dass Handeln eine andere Sache ist*
Als das, was sie in den redeschwingenden[273] Zeitungen lesen.
Die Angelegenheiten der Welt erfordern bei der Handhabung
Mehr Künste als die, mit denen ihr Schreiberlinge vorgeht."[274]

---

[272] Das Orakel von Delphi (eine Frau), gab als Antwort auf die Frage, wer denn der weiseste Mensch wäre: "Sokrates." Sokrates bezweifelte dies, fand jedoch keinen, der weiser war als er, da er, Sokrates, der einzige war, der sich bewusst war, dass er nichts wusste.

[273] Im Original: *"discoursing"* = *"eine Rede haltend"*.

[274] Dies ist ein Auszug aus *Musophilus*, einem 1599 veröffentlichten Theaterstück von Samuel Daniel (Southey 1831, 590).
"Men find that action is another thing
Than what they in discoursing papers read.
The world's affairs require in managing
More arts than those wherein you clerks proceed.
Whilst timorous knowledge stands considering,
Audacious ignorance hath done the deed.
For who knows most, the more he knows to doubt;
The least discourse is commonly most stout."
"Die Menschen finden, dass Handeln eine andere Sache ist
Als das, was sie in den Diskurse-führenden Zeitungen lesen.
Die Angelegenheiten der Welt erfordern bei der Verwaltung
Mehr Künste als die, mit denen ihr Schreiberlinge vorgeht.
Während furchtsames Wissen betrachtend steht,
Hat die kühne Unwissenheit die Tat vollbracht.
Denn wer am meisten weiß, der weiß am meisten zu zweifeln;
Der geringste Diskurs ist häufig der entschlossenste."

[Natürliche Veränderungen]

[11] Wie in der Geologie können wir auch in sozialen Institutionen die Ursachen aller vergangenen Veränderungen in den gegenwärtigen [aus früheren Zeitaltern] unverändert erhaltenen Lebensweisen[275] in der Gesellschaft entdecken. Die größten nennenswerten physikalischen Revolutionen sind das Werk der leichtfüßigen Luft, des heimlich voranschreitenden Wassers und des unterirdischen Feuers. Aristoteles sagte: *"Da die Zeit niemals vergeht und das Universum ewig ist, können weder der Tanais[276] noch der Nil schon immer geflossen sein."*[277] Wir sind unabhängig von der Veränderung, die wir entdecken. Je länger der Hebel, desto weniger ist seine Bewegung wahrnehmbar. Es ist die langsamste Pulsation, die am vitalsten ist.[278] Der Held wird dann wissen, wann man wartet, [und] wann man sich beeilt. Alles Gute bleibt bei dem, der weise war-

---

[275] Im Original eigentlich *"order"*, also *"Ordnung"*, *"Aufträge"*, *"Befehle"* und so weiter. *"Lebensweisen"* ist ein sehr allgemeiner Begriff, der sowohl gesellschaftliche Verhältnisse (*"order"* als *Rang, Reihenfolge, Ordnung*), als auch ein Leben durch die Einhaltung alter Vorstellungen und persönlicher Überzeugungen (*"order"* als *Gebot, Vorschrift*) umfasst.

[276] Der *Tanais* ist ein Fluss in Griechenland, der im Altertum *Tanais* hieß, sein heutiger Name ist *"Don"*.

[277] Dies ist ein Zitat aus *"The 'electrical Theory' of the Universe: Or, The Elements of Physical and Moral Philosophy"* von T. Simmons Mackintosh (Mackintosh 1846, 31).

[278] Dies ist wohl eine Theorie von Charles Lyell (1767 - 1849), einem schottischen Botaniker, die sich allgemein auf das Leben bezog (Arsić 2016, E-Book, Kapitel „Stones").

tet[279]; Wir werden die Morgendämmerung eher
überholen, indem wir hier bleiben, als wenn wir
über die Hügel des Westens eilen. Seien Sie versi-
chert, dass der Erfolg jedes Menschen im Verhältnis
zu seinen durchschnittlichen Fähigkeiten steht. Die
Wiesenblumen quellen und blühen dort, wo das
Wasser alljährlich seinen Schleim ablagert, nicht
dort, wo sie nur frisches Wasser bekommen. Ein
Mensch ist weder seine Hoffnung noch seine Verzweiflung noch seine vergangenen Taten. Wir wissen noch nicht, was wir getan haben, [und wir wis-
sen] noch weniger, was wir tun werden. Wartet bis
zum Abend, und andere Teile unserer Tagesarbeit
werden erstrahlen, als wir mittags gedacht hatten,
und wir werden den wahren Sinn unserer Arbeit
entdecken. Wenn der Bauer das Ende der Furche

---

[279] In der King James Bibel heißt es in Jesaja (Isaiah) 64:4:
*"For since the beginning of the world men have not heard,
nor perceived by the ear, neither hath the eye seen, O God,
beside thee, what he hath prepared for him that waiteth for
him."*
*"Denn seit Anbeginn der Welt haben die Menschen weder
gehört noch mit dem Ohr wahrgenommen, noch hat das Auge
gesehen, o Gott, neben dir, was er dem, der auf ihn wartet,
bereitet hat."*
Und in Daniel 12:12 heißt es:
*"Blessed is he that waiteth, and cometh to the thousand three
hundred and five and thirty days.*
*"Gesegnet ist, wer wartet und [wenn] die 1335 Tage [= das
Ende der Welt] kommen."*
(Beide Zitate: bibeltext.com 2020, Übersetzung von mir)

erreicht hat und zurückblickt, kann er am besten erkennen, wo die gefurchte[280] Erde am meisten erstrahlt.

[Veränderungen im Hintergrund]

[12] Derjenige, der sich gewohnheitsmäßig bemüht, den wahren Stand der Dinge zu betrachten, dem kann der politische Staat kaum in irgend einer Art als existent gelten. Er ist unwirklich, unvorstellbar und unbedeutend für ihn, und für ihn ist, sich zu bemühen aus so magerem Material die Wahrheit herauszuholen, so, als würde man [unnötigerweise] Zucker aus leinenen Lumpen machen, wenn Rohrzucker erhältlich ist. Allgemein ausgedrückt, könnten die politischen Nachrichten, ob für das In- oder Ausland, heute [bereits] für die nächsten zehn Jahre mit ausreichender Genauigkeit geschrieben werden. Die meisten Umwälzungen in der Gesellschaft haben nicht die Stärke, uns zu interessieren, noch weniger zu beunruhigen, aber sagen Sie mir, dass unsere Flüsse austrocknen oder die Gattung Kiefer auf dem Lande ausstirbt, und ich könnte aufmerksam werden[281]. Manche Ereignisse in der

---

[280] Im Original eigentlich "*pressed earth*", was wörtlich "*gepresste Erde*" bedeutet, aber keinen Sinn ergibt. Wer Furchen macht, presst die Erde nicht, sondern lockert sie eher auf. Wenn man pflügt, wird die Erde in gewissem Sinne "*gepresst*" und hochgehoben, vielleicht meint er diesen Vorgang? Ich habe mich für "*gefurcht*" entschieden, da mir dies am passendsten erschien, "*gepflügt*" wäre eine etwas größere Interpretation.

[281] Im Original: "*I might attend*" "*Attend*" bedeutet eher "*beiwohnen*" oder "*beachten*". "*Ich könnte dies beachten*" wäre also eine wörtlichere Übersetzung, doch fand ich dies nicht

Geschichte sind eher bemerkenswert als wichtig, wie Sonnenfinsternisse, von denen alle angezogen werden, aber deren Auswirkungen niemand die Mühe auf sich nimmt, zu berechnen.[282]

[13] Aber wird die Regierung nie so gut verwaltet werden, fragte einer, dass wir Privatleute nichts davon hören?[283] *"Der König antwortete: Auf jeden Fall brauche ich einen besonnenen und fähigen Mann, der in der Lage ist, die Staatsangelegenheiten meines Königreichs zu regeln. Der Ex-Minister sagte: Das Kriterium, oh Herr, eines weisen und kompetenten Mannes ist, dass er sich in solche Angelegenheiten nicht einmischen wird."*[284] Leider sollte der Ex-Minister so ziemlich Recht behalten!

---

ganz passend. Da *"Attention"* meist mit *"Aufmerksamkeit"* übersetzt wird, hielt ich diese Bedeutung für angebrachter.

[282] Dieser Absatz ist zum Teil identisch mit Absatz 57 in "Teil 2: Die Reform und die Reformer".

[283] Für Henry David Thoreau ist die beste Regierung die, die im Hintergrund arbeitet und von der man nichts mitbekommt. So schreibt er in "Leben Ohne Prinzipien" in Absatz 48:
"Die Dinge, die heute die Aufmerksamkeit der Menschen am meisten beanspruchen, wie die Politik und die tägliche Routine, sind zwar lebenswichtige Funktionen der menschlichen Gesellschaft, sollten aber unbewusst ausgeführt werden, wie die entsprechenden Funktionen des physischen Körpers."
(Thoreau und Schieferdecker 2021b; Thoreau, Emerson, und Schieferdecker 2021).

[284] Dies ist aus *"The Gulistan of Sa'di - The Rose Garden"* von Sa'di, in der Übersetzung von *James Ross*, welche zum ersten Mal 1823 veröffentlicht wurde (Sa'di und Ross 2012, 22; WorldCat und OCLC, Inc. 2021).
Eine weitere Erwähnung des Gulistan findet sich in "Teil 1: Philanthropen und Reformer" in Absatz 12. Siehe dazu auch Fußnote 56 und 57 auf Seite 34.

[Der Staat und die Toten]

[14] Nach meiner kurzen Erfahrung des menschlichen Lebens, waren [bisher] die äußeren Hindernisse[285], wenn es solche gab, nicht lebende Menschen, sondern die Einrichtungen der Toten. Es ist wohltuend, seinen Weg durch diese neueste Generation wie durch taufrisches Gras zu bahnen. Die Menschen sind für die Arglosen so unschuldig wie der Morgen.

[15] *"Und rundherum fliegen gute kommende Tage,
Als ob der Tag die Menschheit gelehrt hätte"[286]*
nicht der Verantwortliche für diesen Landkreises[287] zu sein.

> *[16] "Der frühe Pilger grüßte jeden freudig,
> Der über die Hügel irrte,
> Und häufig einen frühen Landwirt,
> Dem er unterwegs begegnete"[288];—*

---

[285] Im Gegensatz zu den inneren, geistigen Hindernissen.

[286] Dies ist ein Zitat aus *"The Morning Qautrains"* von Charles Cotton (Johnson 1810, 730).

[287] Im Original steht: *"Not being Reve of this Shire"*. *"Shirreve"* oder *"shereve"* ist das ältere Wort für *"Sheriff"*. Allgemein wird mit *"reve"* ein für einen bestimmten Bezirk zuständiger Beamter bezeichnet (Middle English Compendium und Regents of the University of Michigan 2019a; 2019b). *"Shire"* ist etwas, wie eine *Grafschaft*, ein *Landkreis* oder *Gemeinde*. Der *"reve of the shire"* könnte also der *"shirreve"* sein. In einem anderen Text habe ich *"shire town"* mit *"Kreisstadt"* übersetzt (Thoreau und Schieferdecker 2021c, Absatz [22]; Thoreau, Emerson, und Schieferdecker 2021, 79), weshalb ich mich hier für *"Landkreis"* entschieden habe. *"Reve"* habe ich mit *"Verantwortlicher"* übersetzt.

[17] Diebe und Räuber alle, nichts desto trotz[289]. Ich habe nicht so sicher vorausgesehen, dass irgendein Kosak[290] oder Chippeway[291] das ehrliche und einfache Gemeinwesen stören würde, als dass eine Monsterinstitution schließlich ihre freien Mitglieder in ihren schuppigen Falten umarmen und zerquetschen würde; denn es sollte nicht vergessen werden, dass das Gesetz, während es den Dieb und Mörder festhält, sich selbst loslässt. Als ich die Steuer, nicht bezahlte, die der Staat für den Schutz verlangte, den ich nicht wollte, hat er mich beraubt; als ich die Freiheit geltend gemacht habe, die er glaubte zu verkünden, hat er mich eingesperrt[292]. Armes Wesen! Wenn es es nicht besser weiß, werde ich es ihm nicht verdenken. Wenn es nur auf diese Weise

---

[288] Dies ist aus *"The Baron And Maiden Of Low Degree"* einer alten englischen Ballade (*Ballads and Metrical Tales, Selected from Percy, Ritson, Evans, Jamieson, Scott, Etc* 1845, 51).

[289] In Johannes 10:8 sagt Jesus:
"Alle, die vor mir gekommen sind, die sind Diebe und Räuber; aber die Schafe haben ihnen nicht gehorcht" (King James Bibel)

[290] Als *Kosaken* wurden Reiterstämme bezeichnet, die vor allem in Russland, der Ukraine und Polen beheimatet waren. Die meisten wurden mit der Zeit aufgelöst. Im 19. Jahrhundert spielten vor allem die russischen Kosaken noch eine wichtige Rolle, als berittene Soldaten.

[291] Die *Chippeway* sind ein Volk (Indianer) in der nordöstlichen USA, bzw. dem südöstlichen Kanada. Sie werden auch Ojibwe oder Ojibwa genannt.

[292] Dies ist eine Anspielung auf Henry David Thoreaus Aufenthalt im Gefängnis, den er ausführlicher in *"Über die Pflicht zum Ungehorsam"* im Absatz 27 bis 33 beschreibt (Thoreau und Schieferdecker 2021c; Thoreau, Emerson, und Schieferdecker 2021).

leben kann, kann ich es ihm [, dem Staat,] nicht verdenken. Ich möchte nicht, [falls] es passiert, mit
Massachusetts in Verbindung gebracht werden,
weder was das Halten von Sklaven noch was die
Eroberung Mexikos betrifft.[293] In dieser Hinsicht
bin ich ein wenig besser als er [, der Staat]. – Was
Massachusetts angeht (dieses große Etwas einer
Verbindung aus Briareus[294], Argus[295] und Colchis-
Drache[296], das bereit ist, die Färse der Verfassung
und das Goldene Vlies zu bewachen)[297], so sollten
wir ihm unseren Respekt nicht [so] zollen, wie einigen [anderen] Strukturen, [nur] um seine Qualitäten
bei jedem Wetter zu bewahren. - So ist es passiert,
dass nicht der Erzteufel selbst mir im Weg war, son-

---

[293] In "*Über die Pflicht zum Ungehorsam*" schreibt Henry David
Thoreau in Absatz 7:
"*Wie also soll man sich als Mensch heute gegenüber der
amerikanischen Regierung verhalten? Ich antworte, dass
man nicht ohne Schande mit ihr in Verbindung gebracht werden kann. Ich kann nicht einen Augenblick lang diese politische Organisation als meine Regierung anerkennen, die auch
die Regierung der Sklaven ist.*" (Thoreau und Schieferdecker
2021c; Thoreau, Emerson, und Schieferdecker 2021).

[294] *Briareus* gehört zu den Hekatoncheiren: riesige Götter mit 50
Köpfen und hundert Händen (griechische Mythologie).

[295] Mit *Argus* ist wahrscheinlich *Argus Panoptes* gemeint. Ein
Gigant (Riese) aus der griechischen Mythologie mit hundert
Augen.

[296] Gegen den riesigen *Drachen von Colchis* musste *Jason*
kämpfen, um das goldene Vlies zu bekommen (griechische
Mythologie). Siehe hierzu auch Fußnote 225 auf Seite 88.

[297] Klammern wurden von mir gesetzt, um den Text lesbarer zu
machen.

dern diese [vielen] Schuftereien[298], die, wie die Tradition sagt, ursprünglich gesponnen wurden, um ihn [, den Erzteufel,] zu behindern. Sie sind freilich Spinnweben und unbedeutende Hindernisse auf dem Weg eines richtigen[299] Menschen, und schließlich hängt man sogar an seiner ungefegten und nicht abgestaubten Dachkammer. Ich liebe die Menschen-Art[300], aber ich hasse die Institutionen der toten Un-Art[301]. Die Menschen führen nichts so treu aus wie den Willen der Toten, bis zum letzten Nachsatz und Buchstaben. Sie [, die Toten,] beherrschen diese Welt, und die Lebenden sind nur ihre Vollstrecker. Auch unsere Vorlesungen und unsere Predigten haben gemeinhin eine solche Grundlage. Sie sind alle Dudleianer[302]; und die Frömmigkeit hat ihren

---

[298] Im Original: "*toils*". Es bedeutet "*Schufterei*", "*Quälerei*" und steht hier eigentlich in der Mehrzahl.

[299] Im Original eigentlich "*earnest*", was meist als "*ernsthaft*" übersetzt wird, in der Bedeutung von: "*Hinter etwas stehen*", "*etwas wichtig nehmen*" und so weiter. Um Missverständnisse mit dem Adjektiv "*ernst*" (als Gegenteil von "*fröhlich*") zu vermeiden, habe ich etwas freier übersetzt.

[300] Im Original: "*man-kind*", was meist als "*Menschheit*" übersetzt wird, doch ist "*man-kind*" (von Thoreau mit Bindestrich geschrieben) eher die "*Menschenart*".

[301] Henry David Thoreau versucht sich an einem Wortspiel und setzt "*man-kind*" die "*un-kind*" entgegen. "*Unkind*" bedeutet eigentlich eher "*unfreundlich*", doch ist "*Un-Art*" nicht allzu weit davon entfernt und das Wortspiel konnte ich etwas retten.

[302] *Dudleianer* sind Menschen, die an der Harvard-Universität (wo auch Henry Thoreau studierte) regelmäßig die "*Dudleian Lectures*", also etwa die "*Vorlesungen nach Dudley*" besuchten. Sie wurden ab 1755 gehalten, finanziert durch eine Stiftung, die Paul Dudley ins Leben gerufen hatte. In diesen Vor-

Ursprung noch immer in der Tat des Pius Aeneas, der seinen Vater Anchises aus den Trümmern Trojas auf seinen Schultern trug[303]. Oder besser gesagt: Wie manche Indianerstämme tragen wir die vermodernden Relikte unserer Vorfahren auf unseren Schultern. Wenn zum Beispiel ein Mensch den Wert der individuellen Freiheit gegenüber dem bloß politischen Gemeinwesen geltend macht, so duldet ihn sein Nachbar noch, [sogar so,] dass der, der in seiner Nähe wohnt, ihn manchmal sogar unterstützt, aber nie [unterstützt ihn] der Staat[304]. Sein Staatsdiener[305] mag als lebender Mensch menschliche Tugenden und einen Gedanken im Kopf haben, aber als Werkzeug einer Anstalt, als Gefängniswärter oder vielleicht als Wachtmeister, ist er seinem Gefängnisschlüssel oder seinem Knüppel[306] um nichts überlegen. Hierin liegt die Tragödie; dass

---

lesungen sollten die Studenten unter anderem "*Die Wahrheiten der biblischen Offenbarung*" kennen lernen. Die Vorlesungen wurden von extrem anti-katholischen Presbyterianern gehalten.

[303] Aeneas rettet seinen Vater aus dem untergehenden Troja. Wikipedia schreibt über Aeneas: "*Aeneas ordnet sich bedingungslos seinem Ziel unter und zeigt starke Bindung an Autoritäten wie seinen Vater Anchises und an die Weisungen der Götter.*" (Wikipedia 2021k)

[304] Da der Teilsatz im Original "*but never the state*" heißt, könnte die richtige Übersetzung auch "*aber niemals den Staat*" sein. Doch macht dies meines Erachtens keinen Sinn, dass der Nachbar niemals den Staat unterstützt. Deshalb nahm ich an, dass niemals der Staat Thoreau unterstützt, das macht, denke ich, mehr Sinn.

[305] Im Original: "*officer*", was auch "*Beamter*" (= "*Staatsdiener*") heißen kann.

Männer, die einen Anschlag auf ihre anständige Natur verüben, sogar solche, die weise und gut genannt werden, sich hergeben, um die Amtstätigkeiten von Unterlegenen und Brutalen auszuüben. Folglich kommen Krieg und Sklaverei herein; und was könnte durch diese Öffnung nicht noch [alles] hereinkommen? Aber sicherlich gibt es Wege, wie ein Mann sein Brot verdienen kann[307], die ihn [in seiner Rolle] als Gefährten und Nachbarn nicht beeinträchtigen.

[18] *„Nun dreh dich, dreh dich, sagte der Pinder[308],*
Einen falschen Weg bist du gegangen,
Denn du hast die Straße des Königs verlassen,
Und machtest einen Weg durch das Korn."[309]

[19] Zweifellos sind unzählige Reformen angesagt, weil die Gesellschaft nicht genug beseelt oder erfüllt vom Leben ist, sondern sich im Zustand einiger Schlangen befindet, die ich Anfang Frühjahr gesehen habe, mit abwechselnd steifen und biegsa-

---

[306] Im Original *"staff"*, was auch *"Stab"* im Sinne eines Knüppels sein kann. Der Gefängniswärter hatte wahrscheinlich einen Knüppel als Waffe.

[307] Im Original: *"by which a man may put bread into his mouth"*, was ich nicht wörtlich übersetzt habe, da es seltsam klingt. Man hätte es im übertragenen Sinne auch mit *"wie man seinen Magen voll bekommt"* oder *"nicht verhungert"* übersetzen können.

[308] Ein *Pinder* ist ein Beamter, der für die Beschlagnahme von Streuvieh (entlaufenen Rindern und Ähnlichem) zuständig ist.

[309] Dies ist aus *"Ballad Of The Jolly Pinder Gerge-A-Greene"* von Samuel Butler (1613 - 1680), bzw. aus *"Robin Hood's Garland"* (auch von Butler?) (Butler 1770, 6; 1861, 221).

men Körperteilen, wodurch sie keine Möglichkeit haben sich zu winden. Alle Menschen sind teilweise im Grab der Gewohnheit begraben, und von einigen sehen wir nur den Scheitel des Kopfes über der Erde. Besser sind die körperlich Toten, denn sie verrotten lebhafter. Selbst Tugend ist nicht mehr eine solche, wenn sie stagniert. Das Leben eines Menschen sollte immer so frisch sein wie dieser Fluss [auf dem wir gerade fahren]. Es sollte [immer] der gleiche Kanal sein, aber jeden Augenblick ein neues Wasser.

[20] *"Tugenden ziehen wie Flüsse vorbei,*
Aber der tugendhafte Mensch, der da war, bleibt."[310]

Schaubild 9: Rosskastanie (Pixabay, bearbeitet von C.S.)

---

[310] Dies ist aus *"Obsequies On Lord Harrington"* von John Donne (Anderson 1795, 85).

Schaubild 10: Fluss (Pixabay, bearbeitet von C.S.)

Teil 4: Schluss

[Originaltitel: Walden: Conclusion (Auszug)]

[1] Den Kranken empfehlen die Ärzte klugerweise einen Wechsel der Luft und der Landschaft. Dem Himmel sei Dank, hier ist nicht die ganze Welt. Die Rosskastanie[311] wächst nicht in Neuengland[312], und die Spottdrossel[313] ist hier selten zu hören. Die

---

[311] Die Rosskastanie ("*buckeye*") war selten, wuchs jedoch in Neuengland, was bedeuten könnte, dass es ein kleiner Seitenhieb sein könnte, da Ohio wegen seiner Kastanien auch als *"Kastanien-Staat"* ("*Buckeye-state*") bekannt war. Ein *Buckeye* (eine "*Rosskastanie*") ist ein Bewohner Ohios und die "wachsen" in Neuengland tatsächlich nicht.
In "*Die Reform und die Reformer*", was diesen Satz gleichfalls enthält (Absatz 64), steht nicht *Kastanie*, sondern *Bockshornklee*. Auch dies könnte darauf hindeuten, dass Thoreau die Pflanze austauschen wollte, um diesen "Gag" einzubauen - denn warum sollte er sonst ein Wort ändern?
Schon in "*Das (bald) zurückgewonnene Paradies*" habe ich auf einen ähnlichen Seitenhieb hingewiesen, da das Wort *Dobbin* sowohl *Schindmähre* heißt, aber auch der Name von einflussreichen Politikern in den Südstaaten war. (Thoreau und Schieferdecker 2021a, 37)

[312] Zu Neuengland gehörten zu Zeiten Thoreaus die Staaten Massachusetts, Connecticut, Rhode Island, New Hampshire, Vermont, Maine. Siehe auch Schaubild 1 auf Seite 10.

[313] Der englische Name der Spottdrossel ist *"Mocking Bird"*. Sie macht den Gesang anderer Vögel und die Geräusche von Insekten und Amphibien nach. Zudem sind Spottdrosseln dafür bekannt, spät in der Nacht zu singen, sogar nach Mitternacht. Es gibt etwa 17 Arten in zwei Gattungen. Obwohl sich ihre Verbreitung von Kanada bis Mexiko und in die Karibik erstreckt, ist die einzige in Nordamerika vorkommende Spott-

Wildgans ist ein größerer Kosmopolit als wir; sie bricht ihr Fasten in Kanada, isst in Ohio zu Mittag und legt sich für die Nacht im Süden in einem Bayou[314] in die Federn. Sogar der Bison hält bis zu einem gewissen Grad mit den Jahreszeiten Schritt, indem er die Weiden des Colorado[315] nur so lange abgrast, bis am Yellowstone[316] ein grüneres und süßeres Gras auf ihn wartet. Doch wir denken, wenn die Zäune abgerissen und Steinmauern auf unseren Farmen errichtet werden, sind unserem Leben fortan Grenzen gesetzt und unser Schicksal entschieden. Wenn du zum Stadtschreiber gewählt wirst, kannst du diesen Sommer nicht nach Feuerland fahren, aber du kannst trotzdem in das Land des Höllenfeuers gehen[317]. Das Universum ist weiter, als wir es sehen.[318]

---

drossel die Nördliche Spottdrossel.

[314] Als *Bayou* werden die stehenden Gewässer und Sümpfe Louisianas bezeichnet.

[315] Der *Colorado* ist der größte und wichtigste Fluss im Südwesten der USA.

[316] Der *Yellowstone River* fließt nördlich von Nebraska, aus den Rocky Mountains kommend, fast an der Grenze zu Kanada. Damals war das Niemandsland.

[317] Dieses Wortspiel funktioniert sogar im Deutschen: Henry David Thoreau schreibt nicht Feuerland (was ja der deutsche Name ist), sondern "*Tierra del Fuego*" („*Land des Feuers*"), wie es auch von den Amerikanern genannt wird. Ins Englische übersetzt bedeutet es "*land of fire*", dem er das "*land of infernal fire*" ("*Land des Höllenfeuers*") entgegensetzt.

[318] Dieser Absatz ist zu großen Teilen identisch mit Absatz 64 in "Die Reform und die Reformer".

[2] Dennoch sollten wir öfter wie neugierige Passagiere über die Heckreling[319] unseres Schiffes schauen, und nicht die Reise wie dumme Matrosen unternehmen, die Werg sammeln[320]. Die andere Seite des Globus ist nur die Heimat unseres Gegenstücks[321]. Unsere Reisen sind nur Fahrten auf einem großen Kreis, und die Ärzte verschreiben lediglich etwas für Krankheiten der Haut[322]. Man eilt ins süd-

---

[319] Die *Heckreling* oder das *Heckgeländer* ist eine Platte, die am Heck und Oberdeck eines Schiffes angebracht ist. Sie ist meist reich verziert und ragt über das Oberdeck hinaus. Wenn man über sie hinwegblickt, so blickt man nach hinten, über die weite offene See.
Siehe auch Schaubild 11 auf Seite 131.

[320] Als *Werg* werden minderwertige Fasern bezeichnet. Werg (*"oakum"*) wird meist zusammen mit Teer verwendet, um Löcher in Schiffsplanken zu stopfen. Thoreaus Originalsatz *"like stupid sailors picking oakum"* (*"oakum"* = *"Werg"*) bedeutet wahrscheinlich, dass die *"dummen Matrosen"*, die sich zu sonst nichts eignen, dieses Werg einsammeln, das sich bei der Verwendung der Seile (bei Segelschiffen) von diesen löst (durch Reibung abschabt), um damit die Löcher in den Schiffsplanken zu stopfen. Sie verbringen somit die Reise damit, nach unten, auf die Planken zu schauen.

[321] Im Original: *"corresponding"*, was auch der Brieffreund sein kann. Doch hatte Thoreau keinen Brieffreund oder jemanden anderes, mit dem er korrespondierte. Henry David Thoreau hat nie den Nordwesten der USA verlassen, außer bei wenigen Reisen in den kanadischen Südwesten.
Zusammen mit dem nächsten Satz macht es mehr Sinn, hier "Gegenstück" zu nehmen, da dies die Gleichheit der beiden Erdhälften hervorhebt und die Sinnlosigkeit, die andere Seite zu besuchen.

[322] Im Original *"skin"*, was *"Haut"* bedeutet. Doch ist *"skin"* auch jede Art von Oberfläche oder Schale. Die Ärzte verschreiben etwas für das Außen, nicht für das Innen, den Geist

liche Afrika, um der Giraffe nachzujagen; aber das ist sicher nicht das Spiel, das er anstreben würde. Wie lange, Gott im Himmel[323], würde ein Mann Giraffen jagen, wenn er könnte? Schnepfen und Waldschnepfen mögen auch einen seltenen Sport bieten[324]; aber ich glaube daran, dass es ein edleres Spiel wäre, sich selbst zu erschießen.[325]

[3] *"Richte deinen Blick nach innen, und du wirst tausend Regionen in deinem Geist finden, die noch unentdeckt sind. Bereise sie und werde Experte deiner eigenen Kosmographie.*[326]*"*

[4] Was bedeutet Afrika - wofür steht der Westen? Ist nicht unser eigenes Inneres weiß auf der Karte? Es mag sich als schwarz erweisen, wie die Küste,

---

und die Seele.

[323] Hier steht "*pray*", er spricht also ein Stoßgebet. Bei uns sagt man da eher "*Gott im Himmel!*" oder "*Gott steh uns bei!*"

[324] Tatsächlich war die Jagd auf Waldschnepfen in Europa sehr beliebt, denn sie galten auf Grund ihres Flugmusters als äußerst schwer zu schießende Vögel.

[325] Teile aus diesem Absatz finden sich in Absatz 52 in "Die Reform und die Reformer"

[326] Dies ist aus "*To My Honoured Friend Sir Ed. P. Knight*" von William Habington, Henry David Thoreau veränderte es etwas:
"*Direct your eye-sight inward, and you'le find A thousand regions in your mind Yet undiscover'd. Travell them, and be Expert in home Cosmographie.*" (Chalmers 1810, 6:468).
Die *Kosmografie* ist die Wissenschaft von der Beschreibung der Erde und des Weltalls. Er ist also Experte darin, sich selbst (*home*) hervorragend zu beschreiben.
Dieser Absatz ist identisch mit Absatz 56 in "Teil 2: Die Reform und die Reformer"

sobald es entdeckt ist. Ist es die Quelle des Nils oder des Niger oder des Mississippi oder [ist es] eine Nordwest-Passage[327] um diesen Kontinent, die wir finden würden? Sind das die Probleme, die die Menschheit am meisten beschäftigen? Ist Franklin der einzige Mann, der vermisst wird, so dass seine Frau sich so sehr bemüht, ihn zu finden?[328] Weiß Mr. Grinnell[329], wo er selbst ist? Seien Sie lieber der Mungo Park[330], der Lewis und Clark[331] und Frobisher[332] Ihrer eigenen Ströme und Ozeane; erforschen

---

[328] *John Franklin* war Polarforscher und unter anderem stellvertretender Gouverneur von Van-Diemens-Land (Tasmanien). Auf einer seiner Forschungsreisen zum Nordpol verschwand er spurlos. Trotz eifriger Bemühungen anderer, wurde er nicht mehr gefunden.

[329] *Henry Grinnell* machte Expeditionen an den Nordpol, gleichfalls auf der Suche nach John Franklin, teilweise zusammen mit Elisha Kent Kane. Siehe auch Fußnote 334.

[327] Viele Forscher machten sich auf in den Norden, um eine Nordwest-Passage um Amerika herum in Richtung Indien oder China zu finden, da ja nur die Ostküste besiedelt war und man von dort aus Handel mit Asien treiben wollte. Siehe auch Fußnote 332. Auch die Quellen des Nil und des Niger waren noch unbekannt. Siehe dazu auch Fußnote 169 auf Seite 75.

[330] *Mungo Park* suchte lange vergeblich nach der Quelle des Nils. Besonders bekannt sind die fehlgeschlagenen Expeditionen von 1796 und 1805, wobei er letztlich ums Leben kam.

[331] *Lewis* (Meriwether Lewis) *und Clark* (William Clark) unternahmen Anfang des 19. Jahrhunderts die erste Expedition innerhalb der USA zur Westküste.

[332] *Sir Martin Frobisher* war ein englischer Seefahrer und Entdecker. Zwischen 1576 und 1578 unternahm er mehrere Reisen an den Nordpol, ebenfalls, wie Christoph Kolumbus, mit dem Ziel, einen Weg nach Indien zu finden, eine Nordwest-Passage um Nordamerika herum. Siehe auch Fußnote 327.

Sie Ihre eigenen höheren Breitengrade[333] - mit Schiffsladungen von Fleischkonserven, um Sie zu unterstützen, wenn es nötig ist; und stapeln Sie die leeren Dosen himmelhoch für ein Zeichen.[334] Wurden Fleischkonserven nur erfunden, um Fleisch zu konservieren? Nein, seien Sie ein Kolumbus für ganz neue Kontinente und Welten in Ihrem Inneren und öffnen Sie neue Kanäle, nicht für den Handel, sondern für die Gedanken. Jeder Mensch ist der Herr eines Reiches, neben dem das irdische Reich des Zaren[335] nur ein unbedeutender Staat ist[336], ein vom Eis hinterlassener Hügel.[337] Dennoch können einige patriotisch sein, die keine Selbstachtung haben und das Größere dem Kleineren opfern. Sie

---

[333] "Höhere Breitengrade", weil all diese Forscher in der Region der Arktis forschen, also weit oben im Norden. Da der Äquator der "0"-Breitengrad ist, sind alle weiter nördlich (oder südlich) automatisch "höher".

[334] Laut Cramer (Thoreau und Cramer 2004, 311) entdeckte Elisha Kent Kane)auf der Suche nach dem verschollenen John Franklin) Überreste seines Lagers und etwa 600 aufeinandergestapelte leere Dosen. Diesen Bericht veröffentlichte er zum ersten Mal am 4. Oktober 1851 in der "Illustrated London News". Diese Ausgabe könnte Henry David Thoreau tatsächlich besessen haben, weil sie auch von der ersten Weltausstellung (The Great Exhibition of 1851) in England berichtete. Dort wurde unter anderem der erste Kristallpalast im Hyde Park gebaut, in welchem die Ausstellung stattfand.

[335] Der Zar von Russland herrschte damals über das größte Reich der Erde.

[336] Dieser erste Teil des Satzes findet sich auch in "Die Reform und die Reformer" in Absatz 48.

[337] Diese werden heute meist als "Moränen" bezeichnet. Sie wurden aus Schutt gebildet, den der Gletscher bei der Bildung, der Ausbreitung des Eises, vor sich herschob.

lieben das Erdreich, aus dem ihre Gräber bestehen, haben aber kein Mitgefühl mit dem Geist, der ihren Lehm noch beleben mag. Der Patriotismus ist eine Marotte in ihrem Kopf. Was war der Sinn jener Südsee-Erkundungsexpedition[338], mit all ihrer Parade und ihren Kosten, wenn nicht eine indirekte Anerkennung der Tatsache, dass es Kontinente und Meere in der moralischen Welt gibt, für die jeder Mensch eine Landenge oder ein Meeresarm ist, die von ihm noch unerforscht sind, dass es aber leichter ist, viele tausend Meilen durch Kälte und Sturm und Kannibalen zu segeln, in einem Regierungsschiff, mit fünfhundert Männern und Jungen, die einem beistehen, als das private Meer, den Atlantik und den Stillen Ozean des eigenen Seins allein zu erforschen.

---

[338] Hier ist die Expedition von Charles Wilkes gemeint. Die "US Exploring Expedition" von 1838 bis 1842 unter der Leitung von Charles Wilkes, die auch manchmal als "South-Sea Exploring Expedition" ("Südsee-Erkundungsexpedition") bezeichnet wurde, war die erste US-amerikanische Erkundungs- und Vermessungsexpedition in die Südsee. Sechs Schiffe beförderten 346 Seeleute und Wissenschaftler, die mit der Aufgabe beauftragt waren, detaillierte Karten für die amerikanische Schifffahrt bereitzustellen. Die angegebene Anzahl von Henry David Thoreau ist demnach etwas zu hoch. (U.S. National Park Service 2017).

[5] "Erret, et extremos alter scrutetur Iberos.
Plus habet hic vitae, plus habet ille viae."[339]
Lasst sie wandern und die seltsamen Australier
unter die Lupe nehmen.
Ich habe mehr von Gott, sie mehr von der Straße.[340]

[6] Es lohnt sich nicht, um die Welt zu reisen, um die Katzen in Sansibar[341] zu zählen. Doch tun Sie dies, bis Ihnen etwas Besseres einfällt, und vielleicht finden Sie ein "Symmes'sches Loch"[342], durch

---

[339] Diese Zeilen Stammen aus dem Gedicht "*De sene veronesi qui suburbium suum numquam egressus est*" von Claudius Claudianus (Claudianus und Hendry o. J.).
Claudius Claudianus lebte um etwa 400 nach Christus und stammte wahrscheinlich aus Alexandria. Über ihn ist wenig bekannt, doch war er bei mindestens einem Herrscher so beliebt, dass es in Rom eine Statue von ihm gibt.
Meine Übersetzung (ohne Gewähr, ich war nie gut in Latein) ist folgende:
"Er irre umher und erforsche die Hintergründe der Iberer.
Er hat mehr von seinem Leben, er hat mehr der Wege."

[340] Dieser Absatz findet sich auch in "Die Reform und die Reformer" (Absatz 53). Thoreau übersetzt hier absichtlich falsch (siehe auch Fußnote 339).

[341] *Sansibar* besteht aus vor Tansania gelegenen Inseln. Zur Zeit Henry David Thoreaus war es ein Reich unter der Herrschaft des Sultans von Oman. Es war ein wichtiger Handelsposten für Gewürze und Sklaven. Katzen waren etwas, das es überall gab und Katzen zu zählen war etwa so unsinnig, wie das Zählen von Kieselsteinen.

[342] Eigentlich: "*Symmes Hollow*" = "*Symmes Hohlraum*", doch wurde die Theorie als "*Symmes Hole*" = "*Symmes Loch*" bekannt. Im Englischen ist "*hole*" auch eine Veräppelung oder Abkürzung von "*hollow*".
John Cleves Symmes vertrat Anfang des 19. Jahrhunderts die These, dass die Erde innen hohl und bewohnbar sei (McBride und Symmes 1826):

das Sie endlich an das Innere gelangen. England
und Frankreich, Spanien und Portugal, Goldküste[343]
und Sklavenküste[344], alle stoßen an dieses private
Meer, aber keine Barke von ihnen hat sich aus der
Sichtweite des Landes gewagt - obwohl es ohne
Zweifel der direkte Weg nach Indien ist.[345] Wenn
Sie lernen wollen, alle Sprachen zu sprechen und
sich den Sitten aller Völker anzupassen, wenn sie
weiter reisen wollen als alle Reisenden, in allen
Gegenden eingebürgert werden möchten und die
Sphinx[346] dazu bringen wollen, ihren Kopf gegen

---

*"Ich erkläre, dass die Erde innen hohl und bewohnbar ist;
eine Anzahl von festen konzentrischen Kugeln enthält, eine in
der anderen, und dass sie an den Polen zwölf oder sechzehn
Grad offen ist [d.h. 4000 bis 6000 Meilen breit]. Ich gelobe
mein Leben zur Unterstützung dieser Wahrheit und bin bereit,
die Hohlräume zu erforschen, wenn die Welt mich bei meinem
Vorhaben unterstützt und mir hilft."* (shilo 2006).

[343] Hier meint Thoreau die *Goldküste* in Afrika, da sie am selben
Meer liegt, wie die Sklavenküste - direkt daneben. Die Gold-
küste war von 1821 bis zu ihrer Unabhängigkeit als Teil der
Nation Ghana im Jahr 1957 eine britische Kronkolonie am
Golf von Guinea in Westafrika.
Siehe auch Schaubild 3 auf Seite 33.

[344] Als *Sklavenküste* wurde *"der Küstenabschnitt des Golfs von
Guinea in Afrika, der sich ungefähr vom Volta-Fluss im Wes-
ten bis nach Lagos im heutigen Nigeria erstreckt, oder alter-
nativ das Nigerdelta im Osten (in den heutigen Republiken
Togo, Benin und Nigeria)."* (Britannica Group Inc. o. J.)
Siehe auch Schaubild 3 auf Seite 33.

[345] Dieser Satz findet sich als Absatz 51 in "Die Reform und die
Reformer".

[346] Hier ist wohl die *Sphinx*-Statue in Ägypten gemeint, auch sie
ist eine Chimäre. Sie hat den Körper eines Löwen, aber den
Kopf einer Frau.

einen Stein zu schlagen, dann befolgen Sie das Gebot des alten Philosophen und erforschen sich selbst[347]. Dies erfordert [nur] Auge und Nerv. Nur Besiegte und Deserteure ziehen in die Kriege, Feiglinge, die weglaufen und sich einschreiben.[348] Begib dich jetzt auf den weitesten westlichen Weg[349], der nicht am Mississippi oder am Stillen Ozean Halt macht und auch nicht in Richtung eines abgetakelten Chinas oder Japans führt, sondern direkt weiter,

---

[347] *"Erkenne dich selbst"* (*"Gnṓthi seautón"*) ist eine Inschrift des Apollotempels in Delphi (Griechenland). Der Grund für diese Aufforderung ist unklar. Siehe auch Fußnote 155 auf Seite 69.

[348] Sie sind Feiglinge, weil sie vor sich selbst wegrennen und lieber in den Krieg ziehen, lieber gegen einen äußeren Feind kämpfen, als sich mit sich selbst auseinanderzusetzen.

[349] *"Westlich"* bedeutet zu Thoreaus Zeiten: In unerforschtes Gebiet vordringen. Er schreibt in "Das (bald) zurückgewonnene Paradies" in Absatz 38:
"Oder vielleicht werden kommende Generationen [...] unter Ausnutzung künftiger Erfindungen [...] die gesamte Rasse von der Erde abwandern lassen, um einen freien und westlicheren Planeten zu besiedeln, der vielleicht noch gesund ist" (Thoreau und Schieferdecker 2021a, 60).

eine Tangente an diese Sphäre, Sommer und Winter, Tag und Nacht, die Sonne hinunter, den Mond hinunter, und zuletzt auch die Erde hinunter[350]. [351]

[1] Es heißt, Mirabeau[352] habe als Straßenräuber angefangen, "*um herauszufinden, welcher Grad an Entschlossenheit erforderlich ist, um sich in formalen Widerspruch zu den heiligsten Gesetzen der Gesellschaft zu setzen*". Er erklärte, dass "*ein Soldat, der in den Reihen kämpft, nicht halb so viel Mut braucht wie ein Straßenräuber*" - "*dass Ehre und Religion niemals einem wohlüberlegten und festen Entschluss im Wege gestanden haben.*"[353] Das war [so] mannhaft, wie auf der Welt üblich; und doch war es nutzlos, wenn nicht gar aussichtslos. Ein vernünftiger Mensch hätte sich oft genug "*in*

---

[350] Dies ist ein Wortspiel: "*sun down, moon down, stars down, and at last earth down too.*" "*Down*" heißt im Zusammenhang mit "*gehen*" (was hier suggeriert wird), "[eine Straße] *hinunter* [gehen]" oder "[eine Straße] *entlang* [gehen]". Doch bedeutet "*down*" auch "*bezwingen*" oder "*zu Fall bringen*". "*Sun down*" ist also auch ein Bezwingen oder Zu-Fall-Bringen der Sonne. Thoreau geht sie alle nicht nur entlang, er reißt sie auch nieder.

[351] Teile dieses Absatzes finden sich in Absatz 51, 54, 55 und 67 in "Die Reform und die Reformer".

[352] *Honoré Gabriel de Riqueti, comte de Mirabeau* (1749 - 1791) war ein französischer Politiker und Schriftsteller. Zu Beginn der französischen Revolution war er der Wortführer des Dritten Standes, dessen Standes, der Veränderungen vom König forderte (der erste und der zweite Stand waren der Adel und die Kirche (Klerus)).

[353] Dies sind Zitate aus dem ersten Harper's Magazine von 1850, Seite 651 (Harper & Brothers 1850, 1-June to November 1850:651).

förmlicher Opposition" zu den *"heiligsten Gesetzen der Gesellschaft"*[354] befunden, indem er noch heiligeren Gesetzen gehorcht hätte, und hätte so seine Entschlossenheit erprobt, ohne sich zu verirren. Es ist nicht so, dass ein Mensch sich in eine solche Haltung gegenüber der Gesellschaft begeben muss, sondern [dass er lediglich] gehorsam gegenüber den Gesetzen seines [eigenen] Seins bleiben muss, was niemals eine Opposition gegen eine gerechte Regierung sein wird, sollte er zufällig auf eine solche treffen.[355]

---

[354] Wikipedia zitiert Rattner et al. (Rattner, Danzer, und Fuchs 2001, 239) und schreibt:
"In der Quintessenz seines menschenrechtlichen Plädoyers heißt es: 'Gibt es keine natürlichen Rechte, die älter und heiliger sind als alle gesellschaftlichen Konventionen? Es könnte dem Menschengeschlecht nur zum Heil gereichen, wenn man den Unterschied zwischen Bürgern und Fremden endlich vergäße und in allen zuerst und vor allem den Menschen sähe'" (Wikipedia 2021j).

[355] Hier habe ich sehr frei übersetzt. Im Original heißt es:
"It is not for a man to put himself in such an attitude to society, but to maintain himself in whatever attitude he find himself through obedience to the laws of his being".
Ein Mensch muss nicht etwas tun, er muss nur er selbst sein, schreibt hier Henry David Thoreau. Wenn er sich an seine eigenen inneren Gesetze hält, die die Gesetze des Seins sind, wird er sich nie in Opposition zu einer gerechten Gesellschaft begeben - nur zu einer ungerechten.

Schaubild 11: Segelschiff (Pixabay, bearbeitet von C.S.)

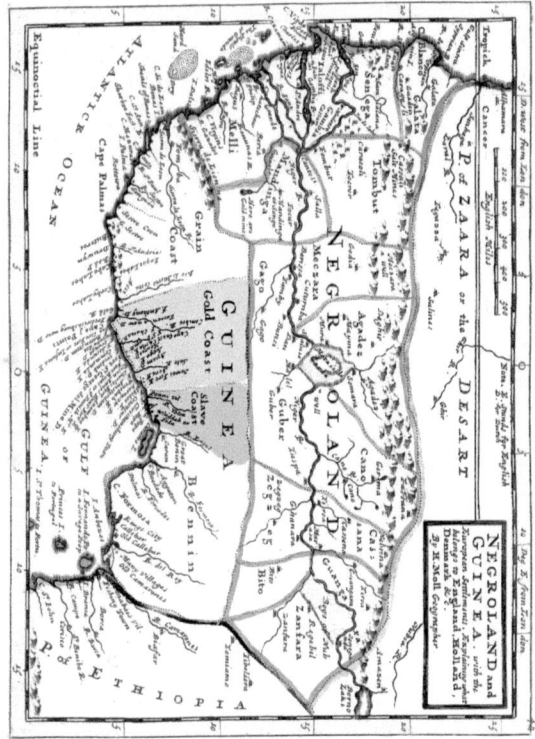

Schaubild 12: "Negroland and Guinea with the European Settlements, Explaining what belongs to England, Holland, Denmark, etc'. By H. Moll Geographer (Printed and sold by T. Bowles next ye Chapter House in St. Pauls Church yard, & I. Bowles at ye Black Horse in Cornhill, 1729, orig. published in 1727)." Deutsch:"Land der Schwarzen und Guinea mit den europäischen Siedlungen, [Das Bild] erklärt, was zu England, Holland, Dänemark usw. gehört". Von H. Moll Geograph (Gedruckt und verkauft von T. Bowles beim Chapter House in St. Pauls Church Yard, & I. Bowles beim Black Horse in Cornhill, 1729, orig. veröffentlicht 1727)." (c) public domain.

LITERATUR- UND QUELLENANGABEN

Abbildungen

Schaubild 1, 3, 8 und 12 sind (c) public domain. Schaubild 2 ist ein nach einem Originalbild nachgemachtes Cover von mir, alle anderen (Schau-)Bilder sind aus Pixabay. Die Schaubilder wurden alle von mir überarbeitet und leicht verändert.

Literaturangaben

Alfred Lord Tennyson. 1902. *The Poems Of Alfred Lord Tennyson*. http://archive.org/details/ThePoemsOfAlfredLordTennyson18301858.

allennz. 2012. „Tom and Jerry". *Victorian Footnotes* (blog). 29. Januar 2012. https://victorianfootnotes.net/2012/01/29/tom-and-jerry/.

Anderson, Robert, Hrsg. 1795. *The Works of the British Poets: With Prefaces, Biographical and Critical, by Robert Anderson*. London: Arch.

Arsić, Branka. 2016. *Bird Relics: Grief and Vitalism in Thoreau*. Cambridge, Mass.: Harvard University Press.

Atkinson, David M. 1976. Review of *Review of The Writings of Henry D. Thoreau: Walden; The Writings of Henry D. Thoreau: The Maine Woods; The Writings of Henry D. Thoreau: Reform Papers*, von J. Lyndon Shanley, Joseph J. Moldenhauer, und Wendell Glick. *The American Political Science Review* 70 (4): 1295–96. https://doi.org/10.2307/1959416.

Ballads and Metrical Tales, Selected from Percy, Ritson, Evans, Jamieson, Scott, Etc. 1845. London: James Burns.

BBC. o. J. „British History Timeline". BBC - History. Vikings and Anglo-Saxons. Zugegriffen 15. Mai 2021. http://www.bbc.co.uk/history/british/timeline/vikinganglosaxons_timeline_noflash.shtml.

bibeltext.com. 2020. „Bibel Online". bibeltext.com. 2020. https://www.bibeltext.com/.

Britannica Group Inc. o. J. „Encyclopedia Britannica". Encyclopedia Britannica. Zugegriffen 15. Mai 2021. https://www.-britannica.com/.

Butler, Samuel. 1770. *Robin Hood's Garland*. R. Marshall.

———. 1861. *Poetical Works*. Herausgegeben von Robert Bell. 1. Aufl. London: Griffin, Bohn, and Company.

Chalmers, Alexander. 1810. *The Works Of The English Poets*. Bd. 6. London: J. Johnson.

Claudianus, Claudius, und Michael Hendry. o. J. „De Sene Veronensi". curculio.org. Zugegriffen 15. Mai 2021. http://www.curculio.org/Claudian/senex.html.

Collins English Dictionary. o. J. „Universal Soul Definition and Meaning". Zugegriffen 23. September 2021. https://www.collinsdictionary.com/us/dictionary/english/universal-soul.

Daniel Defoe. 1805. *The Life and Adventures of Robinson Crusoe*. Printed at the Minerva Press for Lane and Newman. http://archive.org/details/lifeandadventur06defogoog.

Dante. 2011. *Die göttliche Komödie*. Übersetzt von Philalethes. TREDITION CLASSICS. Hamburg: tredition. https://nbn-resolving.org/urn:nbn:de:101:1-201108062552.

Egan, Pierce, Robert Cruikshank, George Cruikshank, Pierce Egan, und binder Leighton Son & Hodge. 1869. *Tom & Jerry : Life in London, or, The Day and Night Scenes of Jerry Hawthorne, Esq. and His Elegant Friend Corinthian Tom in Their Rambles and Sprees through the Metropolis*. London : John Camden Hotten. http://archive.org/details/tomjerrylifeinlo00egan.

Emerson, Ralph Waldo. 1862. „American Civilization". *The Atlantic*, 1. April 1862, Abschn. U.S. https://www.theatlantic.com/magazine/archive/1862/04/american-civilization/

306548/.

Foster, Stephen Collins. 1846. „There's a Good Time Coming". Peters & Field. http://www.stephen-foster-songs.de/foster032.htm.

Galvani, Luigi, Alessandro Volta, J. Zambelli, und donor DSI Burndy Library. 1791. *Aloysii Galvani De viribus electricitatis in motu musculari commentarius*. Bononiae : Ex Typographia Instituti Scientiarium. http://archive.org/details/AloysiiGalvaniD00Galv.

Golgi, Camillo und Royal College of Physicians of Edinburgh. 1886. *Sulla fina anatomia degli organi centrali del sistema nervoso*. Milano : U. Hoepli. http://archive.org/details/b21978724.

Grigg, John. 1829. *Grigg's Southern and Western Songster: Being a Choice Collection of the Most Fashionable Songs, Many of Which Are Original*. Philadelphia: J. Grigg.

Hair, P. E. H. 1987. „The Periplus of Hanno in the History and Historiography of Black Africa". *History in Africa* 14: 43–66. https://doi.org/10.2307/3171832.

Harper & Brothers, Hrsg. 1850. *Harper's Magazine*. Bd. 1-June to November 1850. New York: Harper's Magazine Company. https://books.google.de/books?id=Ce8vAAAAMAAJ.

Johnson, Samuel, Übers. 1810. *The Works of the English Poets, from Chaucer to Cowper: J. Beaumont, G. and P. Fletcher, F. Beaumont, Browne, Davenant, Habington, Suckling, Cartwright, Crashaw, Sherburne, Brome, C.Cotton*. London: J. Johnson.

Longfellow, Henry Wadsworth. 1858. *The Courtship of Miles Standish : And Other Poems*. --. London : W. Kent. http://archive.org/details/1858courtshipofmi00longuoft.

Mackay, Charles. o. J. „The Good Time Coming. Charles Mackay (1814-1889). Poems of Sentiment: VI. Labor and Rest. Bliss Carman, et al., Eds. 1904. The World's Best Poetry. VI. Fancy". Zugegriffen 22. September 2021. https://www.bartleby.com/360/6/214.html.

Mackay, Charles, und Hemry Russell. o. J. „There's a Good Time Coming. By Charles Mackay, Music by Henry Russell. J. Andrews, Publisher, 38 Chatham St., New York". Image. Library of Congress, Washington, D.C. 20540 USA. Zugegriffen 22. September 2021. https://www.loc.gov/resource/amss.as113560.0/?st=text.

Mackintosh, T. Simmons. 1846. *The „Electrical Theory" of the Universe: Or, The Elements of Physical and Moral Philosophy*. 1. Aufl. Boston: Josiah P. Mendum. https://books.google.de/books?id=qGQ-AAAAYAAJ.

McBride, James, und John Cleves Symmes. 1826. *Symmes's Theory of Concentric Spheres: Demonstrating That the Earth Is Hollow, Habitable within, and Widely Open about the Poles*. Cincinnati: Morgan, Lodge and Fisher. http://archive.org/details/symmesstheoryofc00mcbr.

Middle English Compendium, und Regents of the University of Michigan. 2019a. „reve". In *Middle English Compendium*. https://quod.lib.umich.edu/m/middle-english-dictionary/dictionary/MED37325.

———. 2019b. „shir-reve and shirreve". In *Middle English Compendium*. https://quod.lib.umich.edu/m/middle-english-dictionary/dictionary/MED39988.

nativelady, und Native-Americans.com. 2017. „Huron History". *Native-Americans.Com* (blog). 10. Januar 2017. https://native-americans.com/huron-history/.

O'Brien, Peter. 2019. „Fauxboriginality: The Mount Elephant Myth". *Quadrant Online* (blog). 24. November 2019. https://quadrant.org.au/opinion/history-wars/2019/11/faux-boriginality-the-mount-elephant-myth/.

Ockley, Simon. 1857. *History of the Saracens*. London: Henry G. Bohn. http://archive.org/details/OckleySTheHistoryOfThe-Saracens1857.

Rattner, Josef, Gerhard Danzer, und Irmgard Fuchs. 2001. *Glanz und Grösse der französischen Kultur im 18. Jahrhundert*. Würzburg: Königshausen & Neumann.

Religious Anti-Slavery Convention, Mass). 1846. *The Declaration and Pledge against Slavery: Adopted by the Religious Anti-Slavery Convention, Held at the Marlboro' Chapel,*

Boston, February, 26, 1846. 1. Aufl. Boston: DEVEREUX & SEAMAN. http://archive.org/details/ASPC0001857600.

rpsh, und enoon. o. J. „Betray Too Green An Interest?" Zugegriffen 11. Mai 2021. https://www.englishforums.com/English/BetrayTooGreenAnInterest/bzckqw/post.htm.

Russell, Lynette, und Ian J. McNiven. 1998. „Monumental Colonialism: Megaliths and the Appropriation of Australia's Aboriginal Past". *Journal of Material Culture* 3 (3): 283–99. https://doi.org/10.1177/135918359800300302.

Sa'di, und James Ross. 2012. *The Gulistan of Sa'di: The „Rose Garden"*. The Floating Press.

Sanborn, Henry David Thoreau, ed Franklin Benjamin. 1894. „Early Friendship and Correspondence with Emerson and his Family". In *Familiar Letters of Henry David Thoreau*, herausgegeben von Franklin Benjamin Sanborn. Boston: Houghton Mifflin.

Shakespeare, William. o. J. „A Midsummer Night's Dream, Act 2, Scene 1". *The Complete Works of William Shakespeare* (blog). Zugegriffen 17. Oktober 2021a. http://shakespeare.mit.edu/midsummer/midsummer.2.1.html.

———. o. J. „Julius Caesar Act 4 Scene 3 - Portia's Death and Caesar's Ghost Appears to Brutus". Shakespeare-Online.Com. Zugegriffen 22. September 2021b. http://www.shakespeare-online.com/plays/julius_4_3.html.

shilo. 2006. „John Cleves Symmes — Symzonia & the Hollow Earth". *symmes.blogspot.com* (blog). 15. Dezember 2006. https://symmes.blogspot.com/.

Smith, Joseph. 1843. „General Joseph Smith's Appeal to the Green Mountain Boys, December 1843, Page 6". /paper-summary/general-joseph-smiths-appeal-to-the-green-mountain-boys-december-1843/7.

Southey, Robert. 1831. *Select Works of the British Poets: From Chaucer to Jonson, with Biographical Sketches*. London: Longman, Rees, Orme, Brown and Green.

Stanley, Thomas. 1661. *The Chaldaick Oracles of Zoroaster And His Followers with the Expositions of Pletho and Psellus*. Herausgegeben von Joseph H. Peterson. London. http://

www.esotericarchives.com/oracle/oraclesj.htm.

Swift, Jonathan, und George Saintsbury. 1892. *Polite Conversation in Three Dialogues by Jonathan Swift with Introduction and Notes by George Saintsbury*. London, Printed and issued by Charles Whittingham & Co. at the Chiswick press. http://archive.org/details/cu31924013200898.

Taylor, Thomas. 1817. „Collection of the Chaldean Oracles". *The Classical Journal*, Nr. December 1817 (Dezember). https://universaltheosophy.com/tt/collection-of-the-chaldean-oracles/.

Thoreau, Henry David. 1837. „27 December 1837. Concord, Mass." The Walden Woods Project. 27. Dezember 1837. https://www.walden.org/log-entry/27-december-1837-concord-mass/.

———. 1849. *A Week on the Concord and Merrimack Rivers*. Boston and Cambridge : James Munroe and Co. ; New York : George P. Putnam ; Philadelphia : Lindsay and Blackiston ; London : John Chapman. http://archive.org/details/weekonconcordmer1849thor.

———. 1867. *A Week on the Concord and Merrimack Rivers*. Boston: Houghton, Mifflin. http://archive.org/details/weekconcord00thorrich.

Thoreau, Henry David, und Raymond Macdonald Alden. 1910. *Thoreau's Walden*. New York [etc.] Longmans, Green, and co. http://archive.org/details/thoreauswalden00thor.

Thoreau, Henry David, und Thomas Carew. 1854. *Walden; or, Life in the Woods*. Boston: Ticknor and Fields. http://archive.org/details/waldenorlifeinwo1854thor.

Thoreau, Henry David, und Jeffrey S. Cramer. 2004. *Walden: a fully annotated edition*. New Haven: Yale University Press.

Thoreau, Henry David, Ralph Waldo Emerson, und Christina Schieferdecker. 2021. *Mensch sein, statt Untertan*. Norderstedt: Bod. https://nbn-resolving.org/urn:nbn:de:101:1-2021033101085791537005.

Thoreau, Henry David, Wendell Glick, und Henry David Thoreau. 1973. *Reform papers*. His The writings of Henry D. Thoreau. Princeton, N.J: Princeton University Press.

Thoreau, Henry David, und Christina Schieferdecker. 2021a. *Das (bald) zurückgewonnene Paradies.* S.l.: BOOKS ON DEMAND.

———. 2021b. *Leben ohne Prinzipien: Kommentierte Ausgabe, Neu übersetzt.* 1. Aufl. Norderstedt: Books On Demend.

———. 2021c. *Über die Pflicht zum Ungehorsam gegen den Staat.* Norderstedt: Books On Demend.

Thoreau, Henry David, und Bradford Torrey. 1906. *THE WRITINGS OF HENRY DAVID THOREAU.* Bd. 1, 1837–1846. Journal. Boston and New York: Houghton, Mifflin and Company.

U.S. National Park Service. 2017. „Lieutenant Charles Wilkes". Hawai'i Volcanoes. 7. November 2017. https://www.nps.gov/havo/learn/historyculture/lieutenant-charles-wilkes.htm.

Vishnusarma. 1830. *The Hitopadesha: A Collection of Fables and Tales in Sanskrit.* Übersetzt von Lakshami Narayan Nyalankar. Calcutta: Shástra Prakásha Press.

Wikipedia. 2020. „Heinrich von Clotten". In *Wikipedia.* https://de.wikipedia.org/w/index.php?title=Heinrich_von_Clotten&oldid=198702558.

———. 2021a. „Brahman (Philosophie)". In *Wikipedia.* https://de.wikipedia.org/w/index.php?title=Brahman_(Philosophie)&oldid=208084556.

———. 2021b. „Mason-Dixon-Linie". In *Wikipedia.* https://de.wikipedia.org/w/index.php?title=Mason-Dixon-Linie&oldid=208961599.

———. 2021c. „Galvanismus". In *Wikipedia.* https://de.wikipedia.org/w/index.php?title=Galvanismus&oldid=209095432.

———. 2021d. „Jesuit Missions amongst the Huron". In *Wikipedia.* https://en.wikipedia.org/w/index.php?title=Jesuit_Missions_amongst_the_Huron&oldid=1011581174.

———. 2021e. „Goosey Goosey Gander". In *Wikipedia.* https://en.wikipedia.org/w/index.php?title=Goosey_Goosey_Gander&oldid=1018592550.

———. 2021f. „Dunstable, Massachusetts". In *Wikipedia*. https://en.wikipedia.org/w/index.php?title=Dunstable,_Massachusetts&oldid=1033615206.

———. 2021g. „Skythen". In *Wikipedia*. https://de.wikipedia.org/w/index.php?title=Skythen&oldid=214530483.

———. 2021h. „Phaethon (Mythologie)". In *Wikipedia*. https://de.wikipedia.org/w/index.php?title=Phaethon_(Mythologie)&oldid=214831240.

———. 2021i. „Concord, Massachusetts". In *Wikipedia*. https://en.wikipedia.org/w/index.php?title=Concord,_Massachusetts&oldid=1039914252.

———. 2021j. „Honoré Gabriel de Riqueti, comte de Mirabeau". In *Wikipedia*. https://de.wikipedia.org/w/index.php?title=Honor%C3%A9_Gabriel_de_Riqueti,_comte_de_Mirabeau&oldid=215016453.

———. 2021k. „Aeneis". In *Wikipedia*. https://de.wikipedia.org/w/index.php?title=Aeneis&oldid=216359362.

———. 2021l. „Apollon". In *Wikipedia*. https://de.wikipedia.org/w/index.php?title=Apollon&oldid=216579475.

Witherell, Elizabeth Hall. 1990. „Thoreau's Watershed Season as a Poet: The Hidden Fruits of the Summer and Fall of 1841". *Studies in the American Renaissance*, 49–106.

Wolff, Joseph. 1845. *Narrative of a Mission to Bokhara, in the Years 1843-1845, to Ascertain the Fate of Colonel Stoddart and Captain Conolly*. London Pub. for the author, by J.W. Parker. http://archive.org/details/narrativeofmissi02wolfuoft.

WorldCat, und OCLC, Inc. 2021. „Ross, James 1759-1831 [WorldCat Identities]". In *WorldCat Identities*. Dublin. http://worldcat.org/identities/lccn-no2011154764/.

WEITERE VERÖFFENTLICHUNGEN

Sammelbände

Henry David Thoreau:
Mensch sein, statt Untertan

Thoreau, H.D., Emerson, R.W., Schieferdecker C.: Mensch sein, statt Untertan. Norderstedt (BoD), 2021, 260 Seiten

Das Buch enthält die folgenden Schriften, neu übersetzt und mit zahlreichen Anmerkungen zur Übersetzung, geschichtlichen Hintergründen und Bedeutungen der Texte versehen:

- *Über die Pflicht zum Ungehorsam gegen den Staat*
- *Leben ohne Prinzipien*
- *Sklaverei in Massachusetts (Unterwürfigkeit)*
- *Unabhängigkeit (Gedicht)*

So wie die drei Essays und das Gedicht im Original:

- *On the Duty of civil Disobedience*
- *Life without Principles*
- *Slavery in Massachusetts*
- *Independence (Gedicht)*

Außerdem:

- *Ralph Waldo Emerson über Henry David Thoreau (Biographical Sketch)*
- *Thoreau und seine Zeit (geschichtlicher Überblick)*

Die Essays als Einzelausgaben:

Folgende Essays von Henry David Thoreau gibt es bislang auch als Einzelausgaben. Alle wurden *neu übersetzt* und *mit zahlreichen Anmerkungen* zur Übersetzung, geschichtlichen Hintergründen und Bedeutungen der Texte versehen.

Henry David Thoreau:
Über die Pflicht zum Ungehorsam gegen den Staat

Thoreau, H.D., Schieferdecker C.: Über die Pflicht zum Ungehorsam gegen den Staat. Norderstedt (BoD), 2021, 88 Seiten

Henry David Thoreau:
Leben ohne Prinzipien

Thoreau, H.D., Schieferdecker C.: Leben ohne Prinzipien. *Norderstedt (BoD), 2021, 90 Seiten*

Henry David Thoreau:
Unterwürfigkeit oder: Sklaverei in Massachusetts

Thoreau, H.D., Schieferdecker C.: Unterwürfigkeit oder: Sklaverei in Massachusetts. *Norderstedt (BoD), 2021, 76 Seiten*

Dieses Buch enthält eine Neuübersetzung von "*Slavery in Massachusetts*" *(Sklaverei in Massachusetts)*, sowie zusätzlich einen geschichtlichen Überblick über die Entwicklung der Sklavereigesetze.

Henry David Thoreau:
Das (bald) zurückgewonnene Paradies.

Thoreau, H.D., Schieferdecker C.: Das (bald) zurückgewonnene Paradies. *Norderstedt (BoD), 2021, 120 Seiten*

Dieses Buch ist die Auseinandersetzung Henry David Thoreaus mit den Ideen von John Adolphus Etzler, einem Frühsozialisten, oder auch Utopisten.

In Vorbereitung

Henry David Thoreau:
Walking

Thoreau, H.D., Schieferdecker C.: Walking. *Norderstedt (BoD), 2022, 100 Seiten*

In Vorbereitung

In Vorbereitung

In Vorbereitung

In Vorbereitung

In Vorbereitung